纪伯伦
叛逆之风吹燃心中蓝色的火焰

陈筱刀／著
Chen Xiaodao

【诗歌行者系列】

哈尔滨出版社
HARBIN PUBLISHING HOUSE

图书在版编目（CIP）数据

纪伯伦：叛逆之风吹燃心中蓝色的火焰 / 陈筱刀著
. —哈尔滨：哈尔滨出版社，2018.3
（诗歌行者系列）
ISBN 978-7-5484-3774-1

Ⅰ．①纪… Ⅱ．①陈… Ⅲ．①传记文学－中国－当代
Ⅳ．①I25

中国版本图书馆CIP数据核字（2017）第298238号

书　　名：纪伯伦——叛逆之风吹燃心中蓝色的火焰

作　　者：陈筱刀 著
责任编辑：任　环　滕　达
责任审校：李　战
装帧设计：上尚装帧设计

出版发行：哈尔滨出版社（Harbin Publishing House）
社　　址：哈尔滨市松北区世坤路738号9号楼　邮编：150028
经　　销：全国新华书店
印　　刷：哈尔滨市石桥印务有限公司
网　　址：www.hrbcbs.com　　www.mifengniao.com
E-mail：hrbcbs@yeah.net
编辑版权热线：（0451）87900271　87900272
销售热线：（0451）87900202　87900203
邮购热线：4006900345（0451）87900345　87900256

开　　本：787mm×1092mm　　1/16　印张：15.5　字数：159千字
版　　次：2018年3月第1版
印　　次：2018年3月第1次印刷
书　　号：ISBN 978-7-5484-3774-1
定　　价：42.80元

凡购本社图书发现印装错误，请与本社印制部联系调换。　服务热线：（0451）87900278

/ 序　叛逆之风

　　柔软的冬雨滋润着村庄苍老的面颊，花草树木闲聊着往昔的琐碎。在开阔的土道上，一阵叛逆的风在高声呐喊："这是诗人的故乡！这是诗人的故乡！"

　　万物齐头望向大洋彼岸——诗人去那里追梦了。

　　于是，叛逆的风横跨大洋，找寻诗人的踪迹。在一座叫波士顿的城市，诗人在哭泣，仿佛整个世界都听见他在高呼："我的上帝死了……我失去了温暖的怀抱……"

　　而后，在一间陋室之中，诗人那叛逆的灵魂因误饮了爱情的毒酒而躁动。于是，谁都再未见到那个从不留恋风景的背影，在街道与巷子中穿梭。

　　一道刺眼的光从远方传来，那是新生的太阳。诗人在黑夜的边缘回眸之时，一缕温暖的阳光照耀着他的脸庞。那缕阳光的名字唤作玛丽，她为诗人打开了通往艺术之都的大门，诗人领略着艺术大师们的光彩。

　　诗人爱上了她，他捧着一团光屑献给她。可她却拒绝了，她说她会遮蔽了诗人的光辉。但他们仍爱着彼此，却不能相互拥有。他们的爱像未开满的花朵标本，永不凋谢，也永远无法开满。不知多少岁月流转，诗人一直与那缕阳光同行，他们不断互相传达爱的音波。但是诗人终于给了她自由，他目送着她去了另外一片天空。虽然她已不再与诗人如影随形，但在另一片天空，她依然照耀着他。他也依然遥望着她。

在一个黄叶飘飞的季节，诗人遇见了另一位诗人，他名唤努埃曼。他们说着相同的话语，流着相同的血液，他们共饮友谊的美酒，共吟自由之歌，友情的花朵在诗人的笔尖绽放。

后来，诗人被一个"疯狂的声音"折服，那个声音不断地在他耳边周旋："来吧！大胆地说出来！疯狂地说出来！"于是，诗人成为了"疯人"，他开始向世人吟诵自己独特的诗篇。可他听到的微弱的赞赏之声，又在那刺耳的谩骂与质疑的浸染下，变得模糊不清。他愤怒了，他掀起了一场诗的风暴，扬起了世界的真理，他就此成了为世人所崇拜的"先知"。

一位来自东方的姑娘，托信鸽带来了她的爱慕之心。诗人能感觉到，那是朵纯洁且透着芳香的花朵，她名唤梅娅。他刚想伸手摘下这朵花，却察觉到死神那冰冷的手，已经搭在自己的肩膀上。于是，诗人为了保护她，放弃了她。

诗人开始用他的笔与死神殊死搏斗，他的笔一度凌驾于死神之上。可诗人终于累了，他在一个寂静无声的夜晚，悄悄地睡去……

一阵叛逆的风，从大洋彼岸吹回了村庄。它游走在土道上，穿梭在丛林中。它听见万物都在呼喊着一个名字：纪伯伦·哈利勒·纪伯伦！

这阵叛逆的风停下了，然后，他微笑着隐去。因为他听到了自己的名字。他是诗人，他在大洋彼岸找回了自己之后凯旋！他回来了！他不走了！

目　录

第一章　　　　起草于小山村的诗篇序章
诗人降世：来自山村向往大海　　散碎的童年在风中凌乱
　　　　　　　大洋的彼岸，梦开始的地方
001 / 022　　　未熟的初恋如酸涩的果实

第二章　　　　彷徨在汪洋中央
泪雨时节：遍地悲伤的日子　　　心中的上帝死了
　　　　　　　不灭的风中残烛
023 / 042　　　泪雨过后

第三章　　　　面对面畅游心海
爱情季节：沉醉在深深的爱河　　美丽的错误
　　　　　　　来自女神的恩惠
043 / 060　　　我在这里想着对岸的你

第四章

漂泊的心：巴黎时光喜忧参半

061 / 084

漫步在画纸上

都市的天空秋色浸染

能飞得更高就不要在心里逗留

握着折断的翅膀继续前行

第五章

半梦半醒：分不清的喜悦与忧愁

085 / 106

旧时光的泪与笑

做自己的掘墓人

来自海对岸的一封信

自由的风徘徊在灯塔尖上

第六章

偶遇知音：窗外的战火与窗内的诗人

107 / 130

一双温暖的手将他捧向高台

盛开在笔尖上的纯白康乃馨

在黑暗的洞穴中行走

文字里的岁月如梦如烟

第七章
笔画年华：金色的梦幻时光

131 / 156

"疯人"降世
书信传情却不知情是何物
游走于舞台的戏子
诗人们的"笔会"

第八章
桎梏降临：死神的
目光扫视过他的窗前

157 / 182

暴风雨来袭
病魔叩窗的初春
光临大洋彼岸的"先知"
恍如梦境浮浮沉沉

第九章
黎明过后：在高光下暗淡的恋情

183 / 202

波士顿风景
飞沙的自由与泡沫的轻柔
爱情已死，友情长存
希望转身的背影便是绝望

第十章
诗篇结尾：诗人的最后时光

203 / 220

福音传世的金秋
在生命崖边散步
心中的蓝色火焰
再见，这个世界

后记 / 226
她们，在诗人长眠之后……

附录　纪伯伦年表 / 229

第一章
诗人降世:来自山村向往大海

起草于小山村的诗篇序章

1883年1月6日的夜晚，天空布满碎云。黎巴嫩北方的山村卜舍里，一个普通山民家里正有一位孕妇待产。她叫卡米拉·纪伯伦，是一位牧师的女儿。助产士鼓励着她，周围的女眷都合十了双手祈祷。

这时，一丝柔和的月光从云雾中倾泻而出，接着，啼哭声在烛光闪闪的屋子里响起，一个男婴降生了。

孩子的父亲冲了进来，他叫哈利勒·纪伯伦，是个粗犷又本分的山民。他兴奋地对躺在床上的妻子说："感谢你，亲爱的，是个男孩。我们叫他什么好呢？对了，就叫他'纪伯伦'吧，这是我们爷爷的名字，就叫这个吧！"于是，这个叫纪伯伦·哈利勒·纪伯伦的男孩就这样来到了世上。

纪伯伦的父亲为在场的人分了些水果和坚果，当作儿子出生的"喜糖"。过了一会儿，人们各自离去，屋子里只剩下助产士看护着母亲和婴儿。

妇人们手中的灯火点缀在深夜的卜舍里，关于这个男婴的出生，她们只能听到呱呱的哭声，她们听不到未来，因为，那是专属于上帝的秘密。

深夜里，母亲卡米拉睡了，旁边躺着她的骨肉。对于这个小生命，她充满爱怜，又不知所措。一切都是未知。他从哪儿来？又要去哪儿？他为什么来到这个世界？世界又需要他做什么呢？这些她都一无所知。假若此时这位母亲能够摸索到命运之线，知道了这个男婴的未来，她或许会惊讶得停止了心跳。

生活就像是人类的母亲，不过，她是个严苛的母亲，她只会给予我们走完一段路程的力量，剩下的路，我们要靠自己。于是，生活给了纪伯伦一个这样的家庭，他的人生就要从这里开始，前方的一切都在等待着他。

刚刚迎来黎明的卜舍里，纪伯伦家添了人丁的消息不胫而走：拉赫曼牧师的女儿，哈利勒·纪伯伦的妻子生了个男孩。村里的妇人都在议论纷纷，谈论着这个家庭。

卡米拉结过两次婚，她的第一任丈夫是她的堂兄，他们在巴西生了一个男孩，这个男孩就是纪伯伦同母异父的哥哥布特罗斯。不幸的是，孩子出生不久，丈夫就去世了。后来又嫁给了一个远房亲戚，但不幸再次降临到这个可怜的女人头上，他们结婚还不到一个月，这段本来就不顺利的婚姻，随着丈夫的意外去世而告终。守了几年寡后，她带着与前夫生的孩子嫁给了纪伯伦的父亲哈利勒，这个粗犷而本分的山民接受了她，也接受了布特罗斯。哈利勒做着牲畜记录员的工作，他们的日子过得还不错。

妇人们的对话，无外乎就是这些无聊的东西：

"她是个寡妇，还带着个小拖油瓶，真难以理解，哈利勒当初是怎么接受她的呢？"

"就算是寡妇，但是姿色还不错了，看起来不像是35岁的人，至少年轻10岁。"

"但哈利勒也不老啊。"

"夫人，他已经40出头了……"

"她到底什么地方好？哈利勒是喜欢她那张棕色的瘦脸，还是那串对教会示以虔诚的念珠……"

当然，这些话传不到哈利勒家，只是妇人家的家长里短，打发无聊时光而已。

第二天一大早，哈利勒一家在婴儿的啼哭声中醒来。6岁的布特罗斯从床上爬了起来，他还不知道，自己多了一个弟弟。父亲把他接到旁边，亲了亲他的脸颊，笑着说："你知道吗，布特罗斯？昨晚，妈妈给你生了个弟弟。来，我们过去看看他。"

小男孩带着兴奋走到母亲的床边，母亲抚摸着他的头发，轻轻吻了他的额头。

"布特罗斯，你想给弟弟起什么名字？"

男孩天真地思考了几秒说：

"安塔拉……"

他的父亲听后狂笑，街坊四邻都听得见这笑声。父亲捏着小男孩的两腮告诉他，弟弟有一个比"安塔拉"更好听的名字，他叫纪伯伦，是咱们家爷爷的名字。

　　生活如流水般随意地过着，时间静悄悄地过去了2年。纪伯伦2岁了，他已经可以独立行走，他喜欢在院子里与哥哥追皮球玩。也是在那一年，母亲又为他们生了一个妹妹，她叫玛尔雅娜。

　　因为母亲忙着照顾妹妹，父亲白天要忙着工作，所以，有时照顾不过来这兄弟俩。那天，纪伯伦和往常一样与哥哥追皮球玩，皮球滚向院子里的喷水池，池子的水面在午后的阳光下一闪一闪的，像是在和纪伯伦说："来呀，我们一起玩吧！"于是，小纪伯伦拼命地往前追，不顾哥哥在后面叫他。

　　他掉进了水里，四溅的水花在空气中凝结成哥哥的惊慌，哥哥急忙跑去叫母亲，他得救了，从死神的手中挣脱了。也许，死神就是在此盯上了他，死神要他为这次死里逃生付出代价。于是，死神在不久的将来，慢慢取走了他身边几样重要的东西。

　　时间又过了2年，纪伯伦已经4岁了，这一年，她的小妹妹苏日丹娜来到了世界上。纪伯伦家人丁兴旺，甚是热闹，母亲整天照顾着两个妹妹，忙得焦头烂额，好在有哥哥看着纪伯伦，兄弟俩也很欣赏彼此。但随着孩子们的长大，各种开销也逐渐大了起来，经济危机正缓缓地降临到这个家。

散碎的童年在风中凌乱

　　复活节前的星期四晚上，在天主教徒心中，那是个痛苦的、被诅咒的夜晚。此时的纪伯伦家，一个虔诚的天主教徒卡米拉正端坐在草席上，像圣母一样怀里抱着纪伯伦1岁大的小妹妹苏日丹娜，玛尔雅娜依偎在母亲的大腿旁边，安静地睡着。

　　4岁的纪伯伦坐在母亲面前，认真地凝视着母亲，仿佛在思考着，这个女性是不是世界上爱与美的化身呢？

　　那天夜里，纪伯伦做了一个梦，他梦见了一个十字架，十字架上有一个男人，他披着一头长发，手腕和脚腕被钉子钉住了。

　　他是个罪人吗？小纪伯伦想。没错，他是个特殊的罪人，他的罪行就是擅自将善意播撒到人间。接着他又看见一群人，他们手拿着利刃，刺向那个十字架。在深蓝色的夜空中，有一把椅子，上面坐着神明，神明劈下闪电惩罚着暴力者们。十字架的下面，一个女人痛哭不已："啊！我的孩子！我可怜的孩子啊！"

4岁的纪伯伦并不认识十字架上那个人，他更不会知道，在几十年后这个人会成为他佳作的取材。

星期五的黎明，纪伯伦从梦中醒来，他揉了揉眼睛，看见哥哥和一群孩子手里拿着鲜花，光着脚丫站在门口，正准备外出。小纪伯伦从床上爬起来，问哥哥要去哪里，哥哥回答，他们要上山去和耶稣一起受难。小纪伯伦求哥哥带他一起去，哥哥高兴地同意了，因为他很喜欢自己的弟弟。但其他的孩子说，他们没有空儿照顾小孩子，要是小孩子哭了会很烦人，他们拽了拽布特罗斯的衣袖，将他拥了出去。

小纪伯伦哭了，虽然他只有4岁，但他似乎懂得，那是一种嫌弃。母亲急忙拿来糖果哄他。父亲昨晚因为家里的经济问题和母亲吵了一架，还没有消气。看见哭闹的纪伯伦，气不打一处来，他把手里的香烟重重地摔在地上，大步冲过去将母亲甩到一边，把纪伯伦推到了门外。

"给我滚吧！去吧！和他们去吧！"他的父亲怒吼着。

纪伯伦突然停止了哭泣，往远处跑去了，他知道应该去哪儿，知道应该做什么。

午后的阳光照耀着纪伯伦与死神擦肩的那个喷水池，当年的一切，正随着水波颤动。

该到去教堂的时间了，纪伯伦还没有回来。母亲觉得他应该是和哥哥他们去了教堂，所以没有太担心。可当她和丈夫到了教堂，只看见了他的哥哥和邻居们的孩子。他们在教堂里四处搜寻着早上跑向远处的那个小身影，可是一无所获。仪式结束后，她急忙过去问布特罗斯，他告诉母亲，除了今天一早，他就再没有见到过弟弟。他的父母尽量不去想得太坏，他们想，也许小儿子已经回家了。他们急忙往家奔去，可纪伯伦并没回家。母亲开始惶恐不安，她开始斥责丈夫，丈夫也有些后悔。母亲再也沉不住气，如果她的孩子遭遇了不幸该怎么办？她不敢去想象。母亲急忙带着布特罗斯，还有邻居们的孩子一起去寻找纪伯伦。

落日的余晖给教堂粉刷了一层怀旧色彩，教堂后院的墓地里，花草树木默默地看着一个手里握着樱草花的小男孩。母亲他们在这里找到了纪伯伦，当母亲想要责备他时，他对母亲说，自己去荒野里和基督一起受难了，他还采来了花，想要放在教堂里的轿子上面，但是教堂关门了，他就来到了墓地，想找到耶稣的坟墓把花献给他。

母亲一把抱住了他，眼中流出了爱怜的泪。她为自己的儿子感动，这是个多么善良的孩子，上帝应该保佑他。

5岁时，纪伯伦被送去离卜舍里很近的马尔·耶沙阿修道院小学读书。

一个很普通的黄昏，纪伯伦从学校回来，一进门吓了母亲一跳。他的嘴角和耳朵都流着血，衬衫也被撕破了。

母亲问原因，他哭着告诉母亲，班上的一个同学叫他"呆子"和"爱哭坏"，他忍受不了，就用拳头回击了他。但是那个同学比他大，力气上他很吃亏，所以反而被打了一顿。

纪伯伦很不服气，他说等自己长大以后，一定要打死那个家伙。母亲见状，耐心地教导了他怎么回避别人的侮辱。而他的父亲骂他是个胆小鬼，没志气，还打了他两拳。这是纪伯伦第一次和人打架，也是最后一次。因为在接下来的岁月里，他会遇到很多人和很多事，"复仇"这件事早就忘到九霄云外去了。所以，那位同学也有幸没有被纪伯伦"打死"。

纪伯伦并不是个安分的孩子，他经常在家里闯祸，也经常在学校里制造问题。

有一天，纪伯伦莫名其妙地拿着木炭在家里的土墙上画起画来，他画了一幅"毕加索抽象画"。父亲下班回来，正撞见这幅"佳作"完成，父亲并不欣赏它，所以打了他一顿。其实，那幅"抽象画"的确已经展示出了纪伯伦很好的绘画天分。

几天后的一个中午，布特罗斯在放学后自己一个人回到家，平时他总是和弟弟一起回来，但是那天却没有。因为那天，纪伯伦被老师关了禁闭。母亲问布特罗斯原因，他告诉母亲，纪伯伦班上的老师告诉他说，纪伯伦因为没有完成叙利亚语功课，所以罚他抄十遍课文。但是当检查他的作业本时，却发现他只在上面画了一头驴，头上还戴着一顶黑色的帽子，一只耳朵上挂着一本教科书，另一只耳朵上挂着饲料袋。其实，纪伯伦画的就是他的老师。

他的父亲听到这件事，只说了一句："他活该！"

信仰是自由的，但不同信仰之间也会产生摩擦。就像是一个特别讨厌甜食的人，会顺带讨厌嗜爱甜食的人。因为很多人都觉得自己讨厌的东西，都是坏东西。这是个让人很难理解的想法，十分幼稚。

一个晴朗的周末上午，卜舍里沐浴在温暖的阳光下，纪伯伦正在他家房子后面的路上玩皮球，他看见不远处有一个男人牵着一头骡子，在叫卖棉籽油。一个妇人从门里出来，手里握着一串和母亲那串很像的念珠。

妇人问卖油人："能不能先让我尝尝？"他同意了。随后，这个妇人把价格一砍再砍，终于要到她满意的价格。她转身从屋里拿出空瓶，让卖油人称100克。卖油人刚要打油，妇人突然问他："你信什么教？"他回答说，他是希腊人。妇人立马夺过空瓶，画着十字嘀嘀咕咕地进了屋，重重地关上了门。

小纪伯伦很不理解，于是便跑进屋问正在哄小妹妹的母亲，他们信的是什么教。母亲告诉他，他们是基督教马龙派的教徒。他又问希腊人是什么人？母亲说，他们也是基督徒。纪伯伦又追问，为什么我们叫马龙派，他们叫希腊人呢？

"我的孩子，如果你感兴趣，可以去教堂问问牧师，他会比妈妈知道得更详细。"

"如果我们买了希腊人的油，会不会被上帝惩罚呢？"

"那是不会的，上帝是很慈悲的。"

这时，父亲走进屋子，让纪伯伦把桌上的空瓶子拿给他，他要去买油。纪伯伦把瓶子递给父亲，紧跟了出去。他看见刚才那个卖油的希腊人正站在家门口，父亲从他那里打了油，付了钱，并且没有让他找零，还邀请他一起吃晚饭。那个希腊人感动得哭了起来，连声地道谢，感谢父亲的大度和友善。那一刻的父亲，在纪伯伦的心里就像是在那个星期四晚上梦见的神明。同时，纪伯伦也意识到,那个打骂自己的父亲,有着一颗柔软的内心。

　　来自地中海的和风,吹动着海岸的细沙,年华随潮涨潮落悄悄溜走。3年后的一天,天空灰得像一块脏抹布,乌鸦在屋顶盘旋,预示着有不幸发生。一个噩耗降临到纪伯伦家,纪伯伦的父亲被一位"挚友"诬告贪污公款,不幸入狱,他们失去了房子和其他财产。母亲带着4个孩子搬到了一个破旧的小屋。在父亲入狱的3年里,他们过得像野人一样。父亲出狱后,家里已经一贫如洗,只能靠父亲放羊勉强糊口。

　　生活告诉我们,再贫穷也要微笑。于是有一天,父亲决定带全家外出游玩,可在出行的前一天,父母却吵了起来。纪伯伦的父亲为他和哥哥各准备了一匹马,但母亲不同意让纪伯伦骑马,她担心他会受伤。

　　"你疯了吗?你要让一个11岁的孩子在山坡上骑马吗?要他去睡帐篷吗?你想他以后也当一个牧民和那些公羊母羊一起生活吗?他会像我们一样穷一辈子的!"

　　"你这个妇人永远都不会懂,我现在就是要让他学会吃苦,他长大后,就会懂得牧民的帐篷是多么高贵的宫殿。在那以后,你就会懂得他会在他父亲的指点下得到很多东西。"

　　最后,孩子们也加入到了争吵中,两个妹妹站在父亲一边,哥哥站在母亲一边,而纪伯伦只得保持中立,因为自己是导火索,而且他十分爱自己的母亲,又不想激怒父亲。他一直沉默着,直到这场旅行就此泡汤。此时,这个家已经出现了裂痕。

大洋的彼岸，梦开始的地方

母亲已经不堪忍受这个贫穷的家，她决定去投靠自己的哥哥，也就是纪伯伦的舅舅。

一天下午，哈利勒去山上放羊，孩子们都上学去了，卡米拉独自在家，屋子里充满了愁苦的气息，她突然泪流不止。布特罗斯和纪伯伦从外面回来，看到了这样一幅画面：一个昏暗的小屋里，一位妇女正独自哭泣。母亲见儿子们回来，还没有等他们开口问，就把他们叫到身旁，宣布了一个改变了纪伯伦命运的决定。

她告诉孩子们不用为她担心，她只是心情烦闷，需要流些眼泪排泄出内心的愁苦……她决定带着他们一起去大洋的对岸，卜舍里这个地方太小了，孩子们在这里是没有前途的。至于他们的父亲，就让他留在这里。给他留些钱，有烟、有酒、有咖啡，或许就能让他的生活安定舒适。

纪伯伦没有说话，只是点了点头。他看哥哥安慰着母亲，让她别担心，他十分坚决地同意母亲去大洋对岸的决定，他们要把这该死的贫穷掩埋。在那里，纪伯伦可以学到更多的知识，妹妹们也一样。至于父亲，上帝会保佑他，只要他安分守己，他的香烟就不会灭，酒瓶也不会空，咖啡也不会断。

哥哥在母亲的心中已经是个大男人了，而纪伯伦还是个孩子，纪伯伦看着说话的哥哥，想着如果父亲像哥哥一样就好了，那将会是个很幸福的家。

母亲收住了眼泪，但她对过去的失望和对将来的恐惧，依然笼罩在那瘦削的脸上。布特罗斯的内心则充满了希望，小纪伯伦也对美国充满了好奇。

命运早就为他们安排好了一切，用他们天主教的说法就是："神把一切都安排好了。"谁都无法挣脱命运的网，抗拒的人就会遭到惩罚。只是，母亲不知道，布特罗斯不知道，纪伯伦也不知道。他们制订好了人生计划，但一切早就被安排好了；他们畅想好了未来，但一切早就被安排好了。他们只是在实现着命运的愿望，命运正蒙着面纱，引着他们向前走。这一切，对于12岁的纪伯伦来说都太过深奥，他不懂得，直到多年以后他还是被蒙在鼓里。因为那是每个人的人生图纸上，都遗失了的一块。

来到波士顿后，母亲与4个孩子定居在唐人街，哥哥布特罗斯做起了生意，两个妹妹在邻居家的店里做童工，而幸运的纪伯伦得到了继续去学校学习的机会。

那是个安静的周末下午，在美国波士顿唐人街的一个私人宅院的卧室里，纪伯伦正坐在一张木桌前认真地读一本书，他已经看了一个小时。

他的母亲从房门口路过了几次，看见儿子几乎没有动过地方，担心起儿子的眼睛和脊柱，便让纪伯伦站起来活动一会儿。

纪伯伦听从母亲的话，恋恋不舍地合上书，伸了个懒腰，问晚饭吃什么，母亲会问他想吃什么，纪伯伦笑了：

"您做的每一道菜都很美味，愿上帝保佑您那双美丽的手。"

母亲脸上露出了雨后初开的花朵般的微笑，她多么希望自己的丈夫也能这么说，如果那样，他们的生活会是另一番情景。

纪伯伦抱住他的母亲，告诉她有纪伯伦就行了，父亲会生活得很好的。

母亲吻了他的额头，告诉他一定不能忘记哥哥布特罗斯。

纪伯伦也很爱他的哥哥，他觉得哥哥会为他们赚很多钱。他每天放学后都会到哥哥的小店里转转，看见他店里的每一件衣服和每一顶帽子都能卖到一两美元。

14岁的纪伯伦眼中闪着希望的光彩，他告诉母亲，哥哥会让他们成为富翁，到时候他们回卜舍里盖一幢大房子，再雇一群用人。

纪伯伦把桌上的那本《汤姆叔叔的小屋》拿给母亲看，告诉母亲他要写小说，像这种。

母亲很惊讶儿子在读英文书，还有如此远大的志向。她觉得上帝没有放弃自己，至少她还有一个如此出色的儿子。

纪伯伦很聪明，他在波士顿公立侨民小学学习的两年，已经把英语学得很不错。他的英文老师非常喜欢这个黎巴嫩少年。她推荐给纪伯伦《汤姆叔叔的小屋》这本书。他在那本书里，读到了人的残忍与人间的黑暗。从那时起，他的心中就开始萌生叛逆。

纪伯伦非常喜欢读书，在家里每次母亲看到他的时候，他都在看书。母亲也因此非常担心他，怕他看坏了眼睛。她总是试图让儿子去外面玩一会儿，可纪伯伦却说，和街上那些孩子待在一起，会感到非常愚蠢和不幸，女孩子也一样，只有和书本、笔记本、铅笔在一起的时候，才会感到纯洁美好。

一天课上，纪伯伦的美术老师杰希·菲齐明特·帕尔看了他的画后，觉得这个小男孩很有潜质。于是，便把他引荐给当时波士顿的知名画家福特·戴伊。这位画家看过纪伯伦的画后，高兴地邀请纪伯伦到他府上做客。

此时，命运已经将纪伯伦引到了他该去的地方，他即将迎来他命中注定的一场相遇。

未熟的初恋如酸涩的果实

一个柔和的下午，阳光慵懒地照射在窗玻璃上，轻风在波士顿的街道上信步。纪伯伦放学后，就去找那位画家的住址。他一直走着，穿过胡同和小巷，没有留恋任何风景，仿佛他的目的地有比沿途亮丽千万倍的风景。他设想着自己与画家的谈话，他有信心以非凡的才华、渊博的学识和英俊的相貌博得那位画家的赏识。他认为那位画家一定会惊叹："哦，上帝啊！难道那些庸俗之辈一直都在埋没你的才华吗？来吧，和我一起跨入艺术殿堂吧！你会成为一名伟大的画家！"正当这个美梦生根发芽，长出待放的花蕾时，他已经走到了门口。

画家为他开了门，热情地握住他的手，将他请进屋内。他看见客厅的小长木椅上正坐着一位女士，画家把他带到了这位女士的面前，并向纪伯伦介绍，那位是约瑟芬·布鲁斯顿女士，是位女诗人。

随后，画家又向这位女士介绍，这位就是自己和她说起过的黎巴嫩青年，他的画有着非常丰富多彩的想象，自己很喜欢。

这位女士温柔地伸出手，纪伯伦握了握它。他顿时感到心潮澎湃，血管有如火山爆发，舌头像是打了结，一时说不出话来。他也不敢去看那位美丽的女士，一直盯着地面，仿佛那儿有个可以躲避的洞。

约瑟芬女士要纪伯伦过来，靠她近些，纪伯伦很僵硬地靠了过去。

她赞叹他那一头柔软的棕色长发，非常像个艺术家，并且赞美他的故乡是个美丽的国度，是艺术家的故乡。然后，约瑟芬女士指了指客厅中央三脚架上的画布，示意纪伯伦说一说对那幅画像的看法。

纪伯伦很讨厌被人当一个孩子来看待，他觉得自己已经是个大人了。而这位女士的举动，就像是见到了一个可爱的孩子。他抬起头，看向那个油彩还湿着的画布。

为了证明自己，纪伯伦尽力向这位女士展示着他的成熟。他告诉她，这位画家还没有完成他的作品，所以无法评判。但它终会有缺陷，因为只有上帝才能创作出完美无缺的画。

约瑟芬听后吃了一惊，觉得这句话似乎是比他年龄大一些的人说的，她问纪伯伦的年龄。纪伯伦回答，14岁。约瑟芬女士有些惊讶，但这位女士并没有把她刚才的话当作认真的交流，而是继续追问。

纪伯伦的目光在画布和这位女士之间游移着，他想摆脱这个正在玩弄他的头发并把他当作孩子的女人。他觉得应该让她见识一下自己优雅的举止和不凡的谈吐，让她知道自己是一个大男人而不是个小孩儿。可是，她在问他对那幅画像的看法，纪伯伦的脑中像一团乱麻，不知道是该回答，还是不该回答。他想，还是不回答的好，要让她知道自己不是个唯命是从的孩子。可是，他在艺术方面有很扎实的知识功底，不回答也许会被当成一个无知的少年。踌躇之间，他已经能够正视这位女士，他重新打量着这位穿着紫红色天鹅绒衣服，有着棕色皮肤的女士，她看上去最多有30岁，很漂亮。

"纪伯伦先生，还没有想好吗？我在等着听您的看法呢！"

纪伯伦能感觉得到，那是亲昵的语气，是在逗小孩子。但在一位女士面前，他控制住了自己的情绪，严肃地回答：

"我的看法，会在这幅画完成的时候告诉您。"

这位女士欣喜地同意了，并且邀请他明天去她的家里看画。和女士的对话完毕后，那位画家让纪伯伦坐好，想要为他画一幅像。纪伯伦答应了。他安静地坐在那里，感受到一道目光在穿透自己，正是那位女士打量的视线……

纪伯伦从画家的房子里出来时，太阳刚刚落山。天边的晚霞，和来的时候一样。他一直走着，穿过胡同和小巷，没有留恋任何风景。来时路上的那个美梦已成开败的花朵，那枯萎的花叶，片片落在秋天的掌纹里，隐去。

纪伯伦心里清楚了，那位画家并不是自己的伯乐。他手中握着的是那位女士的住址，看着手中的字条，回想起那位美丽的女士，她会是为自己开启理想之门的女神吗？

手中这张字条就像一张入场券,即将带他进入下一扇人生之门。他希望那会是理想之门,而不是自己的痴想。

晚饭的餐桌上,纪伯伦描述着白天发生的一切。他夸赞那里是个不错的地方,画家是位像男子汉一样和蔼的人,他还为他画了像。

拮据惯了的母亲连忙问为什么画像,他们去哪弄钱付画像的费用啊?

他知道母亲对绘画一窍不通,于是向她解释:画家需要不断观察各种年龄、各种类型的男人和女人,这样可以帮助他们塑造想象中的人物。比如说,他看到自己的母亲,就像是看到了圣母马利亚,那么假设他想画圣母马利亚,就可以参照母亲的形象,那是一种方式。

母亲点点头,依旧似懂非懂。

接着,他提到了他觉得更重要的事——那位尊贵的女诗人,她很喜欢他的画,还邀请他去拜访她。

全家人的关注焦点立刻指向了这位女诗人,纪伯伦告诉他们,她不到30岁,不知道结没结婚,是个很漂亮的人。他没有说出她的名字,因为他当时紧张极了,并没有记清楚。

家人们听完都在沉默,纪伯伦很失望,他感觉嘴里的食物像是苦药丸一样难以下咽。他用力拍着桌子站起来,他的"男子汉病"发作了,他大声地对他的家人说:

"你们不要再用那种同情无知少年的目光看着我,今天的我已经是个成年人了,我已经能够保护自己了,你们还以为我是个不分好坏的孩子吗？我爱怎么做就怎么做，这是我的权利。"

他的母亲没有责骂他，只是压低了声音温柔地说："我的孩子，愿上帝保佑你，在你接受生活考验的时候。"

纪伯伦这只温柔的羔羊，在意外地爆发一声怒吼之后，幻化成一头饥饿的狮子。他要去追自己的猎物，谁也阻止不了他。

纪伯伦如约来到约瑟芬女士的家门口，他从容地敲响了他的"理想之门"。门开了，约瑟芬女士穿着睡衣，表情很意外，她没有想到纪伯伦真的会来。她向纪伯伦说了抱歉，她在家里比较懒散，并且头有些痛。她的话题依然停留在纪伯伦对画的看法上。那幅画就挂在她的卧室里。她让纪伯伦坐在一张华丽的丝绒椅子上，而此时的纪伯伦有些紧张和后悔，他太冲动了，他开始想着该如何脱身了。

"女士，我看您今天可能不太方便，我还是先回去，明天再来拜访您。"

约瑟芬说没关系，她的头痛因他的到来减轻了不少，非常感谢他的光临，她请他坐下来慢慢谈，谈一谈东方文化。

约瑟芬女士点上香炉，侧身卧在床上，叫他挨近些，并发誓不会摆弄他的头发，然后与他继续讨论画作。

纪伯伦近距离地看着眼前这位女士，和昨天的感觉不同，她今天的语气没有把他当作一个少年。他愿意靠近她，似乎走进了她的心里，读到了她的人生。

"如果艺术大师达·芬奇还在世，我想让他给您画一双受伤的鹰眼，把您的双唇化成月牙的弯度，让它像清晨的向日葵一样微笑。对，像向日葵一样，仰头望去就是灿烂的阳光。因为，我在您的脸上，看见了一层感伤，而画里的您却戴着一副强颜欢笑的面具。"

女士很惊讶，纪伯伦真的看穿了她。她看着眼前这个"少年模样的大男人"，深深陷入了由他的魅力所幻化出的泥沼中，难以自拔。她再也藏不住自己的心声，它们就要倾巢而出。

她赞美他兼有诗人和艺术家的迷人之处，然后向他倾诉，家人把她嫁给了一个比她大20岁的皮革商人，那个该死的家伙在婚后两个月就破产了。她住在这幢房子里，就像住在坟墓里一样，10年就像是10个世纪，漫长而又痛苦。

她把纤细的手放在了纪伯伦同样纤细的手上，她希望躲进他的魅力中，可以让她释怀一切。人生在世，难得知音。她觉得自己很幸运。

纪伯伦没有拿开自己的手，他关切地问，丈夫经常虐待她吗？

她继续倾诉下去，她说自己就像丈夫花钱买来的情妇，要对他唯命是从，他甚至可以禁止她走出这所房子。说到这里，她似乎感到了莫大的痛苦，突然想换个话题，让纪伯伦给她讲讲他在美丽故乡时的故事。

纪伯伦的大男子气概再次蠢蠢欲动，他继续追问下去："他现在在哪儿？"

她只得继续倾诉，她说他去了他的办公室，开始忙他的"大事业"，直到半夜才会回来。她曾劝说让他适时地回到生活中来，可却没有用，反而给自己增加了痛苦。今早的头痛就是与他争辩的结果。

"现在好些了吗？"

"看着你，感受着你的温情，我已经不再难过了。"

约瑟芬女士的眼睛含着泪花，像铺着阳光的清澈湖面。纪伯伦也一样。

"我的朋友，请原谅我，我把这些年来的痛苦一下子全倾倒在你那里，抱歉！"

"没关系，从今日此时起，你的痛苦就是我的痛苦。"

他们彼此靠近，心与心擦出了爱的火花，他们进入了只属于他们两个人的爱乡之中。

纪伯伦爱情花园中的第一朵花，就这样在不经意间绽放了。

纪伯伦为约瑟芬女士画了一幅画像，走出她的家门时，已经是午夜，夜空中划过了一颗流星，像是他的童贞在和他告别，他从那天起真正地成为一个男人。

他刚走出几步，就感觉心正被懊悔的熊熊烈火包围。他回想起了母亲的话，"愿上帝保佑你，在你接受生活考验的时候。"

他刚刚接受了爱神的考验，他发誓以后除了自己未来的妻子，绝对不接近其他女人。他会把这次经历告诉未来的妻子……可是，他要丢下她——那个可怜的皮革商人的猎物吗？他回想起她的美丽，她从全波士顿的男人中选择了自己……他已经不知道该怎么办。

他走过街道，穿过胡同和小巷，没有留恋任何风景……

第二章

泪雨时节:遍地悲伤的日子

彷徨在汪洋中央

　　1898年，波士顿这个城市，看起来是那么平静。

　　平静的角落里，在不断发生着各种各样的没有人察觉的事情。不觉间，距离纪伯伦第一次到约瑟芬女士的家已有一年时光。这一年里，纪伯伦经常到访那个"理想之门"，他在那里享用甜蜜的果实。但那不是爱情的果实，是不合法的"禁果"，可却被他当作合法的果实享用。当他发觉时，已经无法挽回，"禁果"的毒已经融入了他的血液。

　　他已经丢不掉那个果实，除非将自己的心一起丢掉。他开始质疑人类的法律和道德，开始关注婚姻的问题。纪伯伦的家人并不知道这件事情，他一直保守着秘密。他尤其不想让母亲知道，她心目中优秀的儿子，竟然在做一件违背道德的事情。

　　那是个有些多云的上午，纪伯伦和过去一样，穿过街道和小巷，没有留恋任何风景，来到了那扇熟悉的门前。他刚要按响门铃，却听见有脚步声正在接近自己，他回头看去，一个高个子的男人正朝着自己走过来，男人夹着一个皮包，看上去十分和蔼可亲，年纪最多不超过35岁。

"不劳烦您了，年轻的先生。"他取出钥匙，打开了门，然后温和有礼貌地请纪伯伦进屋。纪伯伦的心在打战，他强作镇定地进了门。那个男人跟进去，呼唤约瑟芬的名字，她立刻出现在男人的面前，她搂住了他，吻了他。当她看向男人的身后时，脸色大变，她尽力地掩饰住自己的惊慌，询问那个男人——也就是她的丈夫发生了什么？她的丈夫说，只是忘了带钱包，叫她快去拿来，不要让他误了火车。

她急忙回到房间取来给他，又急忙向丈夫介绍了纪伯伦。她对丈夫说："纪伯伦是位来自黎巴嫩的艺术家，昨天在朋友那里遇见的，我邀请他来谈谈他的艺术。"然后，她又向纪伯伦介绍了她的丈夫。

她的丈夫很友好地向纪伯伦问好，说很高兴能见到他，如果不是旅行匆忙，他真想和他畅谈一番，希望他们还会见面。

男人吻了吻妻子，走了。

那天，纪伯伦没留太久，在回去的路上，他的心仿佛被刺入一把利剑。他的"守护神"背叛了他，他突然失去了那双带他飞翔的翅膀，重重地摔落在地上，梦也醒了。

他一连几天都没有再去那个"家"，重新回到了书的世界里。

纪伯伦的母亲一直有一个小小的遗憾，那就是儿子没有学好母语文化，这同时也是纪伯伦的遗憾。纪伯伦即将毕业，但是他对母语文化却没有对英文熟悉。

一天下午，母亲对正在读着英文书籍的纪伯伦说，他应该重新去学习一下母语，如果他的理想是成为一个伟大的艺术家，那就不能不了解自己的母语，否则会被人笑话。

纪伯伦非常同意母亲的想法，她提醒了自己，她就是上帝，在他经受考验的时候保佑了他。

晚饭的时候，全家人一致支持纪伯伦回家乡学习母语，顺便也可以去看望一下许久未见的父亲。

一个月后，在纪伯伦回故乡前的一个夜晚，他鼓起勇气，又回到那扇门前，他要和他曾经的"守护神"告别。

和纪伯伦第一次到那里时一样，约瑟芬女士点燃了香炉，烟柱弯曲地飘出，又笔直地游走，像是在预示着，人生有曲折也有坦途。

卧室里的他们沉默着，持久地沉默着。最终，约瑟芬打破了沉默，问纪伯伦为什么要让她如此痛苦？

纪伯伦冷淡地回应她，称呼她为"女士"，并请她称呼自己为"纪伯伦先生"。

约瑟芬看着挂在卧室的画像，那是她和纪伯伦相识的"媒人"，如今它只是一个可笑的导火线。

纪伯伦已经撕掉了那张为她画的素描像，他没有完成好，他本想画的是她透明的灵魂、美丽的影子。他曾用充满爱的眼光看着她，一笔一画地勾勒出内心忧愁的她。可是他错了，那并不是真正的她，现在她在纪伯伦的眼里，像个可以任意改变形象的泥俑。他彻底失望，他折断了他爱情花园中的第一朵花，他这一生都不想承认自己有过这样一段感情。

纪伯伦绝情地对约瑟芬说，就随它去吧！如果她喜欢那幅画，就去追随那位画家好了，但或许那位画家对艺术并不比他懂得多。

"你的话说得有些过分了，他在艺术界很有地位，但愿你到了他的年纪会比他更伟大。可现在你还只是个少年。"

纪伯伦有些愤怒，她仍把自己当作一个少年，他选择让她看看男人是怎样不需要女人的。因为她让纪伯伦知道了，女人是多么需要男人。

沉默伴随着约瑟芬女士的眼泪，像是巨大的黑洞。

"哈利勒，你回到你的故乡，就会忘掉我吧？"

"是的，我会忘掉你，所以也请你忘掉我吧！"

纪伯伦把他的初恋之花折下，留给了约瑟芬。他离开了，没有一丝眷恋。直到多年以后他才明白，始终应该感恩这段相遇，是约瑟芬赋予了他男人的气概。

那年秋天，纪伯伦回到了故乡黎巴嫩，进入贝鲁特的"希克玛"（睿智学校）学习民族文化以及阿拉伯语和法语。

他的阿拉伯文教师胡里·优素福·哈达德发现纪伯伦是个天才，他为他介绍了很多古诗人，并推荐他阅读了《诗歌集成》和《圣经》，同时为他修改作文以在其创办的校刊《复兴》上发表。

次年夏天，他回到了卜舍里，回到了他的故居看望父亲。那里一切都没变，他路过旧房子，院子里的喷水池还在，那是他最早的记忆。那里换了人家，一个孩童正在水边拍着皮球，纪伯伦仿佛看到了当年的自己。

父亲苍老了许多，看上去像个年逾古稀的老人。他还是喜欢边抽烟，边喝咖啡。他问了家人们的情况，纪伯伦告诉他，一切安好。

纪伯伦为了更了解故乡的文化，开始到处旅行，造访名胜古迹，几乎到过了黎巴嫩的每个角落，还结识了几位好友。其间，他画了很多阿拉伯诗人的头像，生活过得很充实。

17岁那年的法语结业考试，纪伯伦取得了全校第一名。他兴奋地去看望了父亲，并把这个好消息带给他。父亲很高兴，甚至不敢相信，当年那个自己经常拳打脚踢的混小子，如今已是个满腹经纶的天才。

纪伯伦继续着他的绘画学习，老师为他引荐了艺术家哈比卜·苏鲁日，他经常去拜访请教。其间，他把自己画的几幅头像，寄给了波士顿的那位画家福特·戴伊先生。不久，戴伊先生寄来了一张50美元支票给他，作为封面画报酬，肯定了纪伯伦作为一名波士顿画家的地位。

纪伯伦在故乡黎巴嫩的第三年，顺利从贝鲁特的"希克玛"（睿智学校）毕业。在动身回波士顿之前，他突然想到，应该为他的妹妹们买点小礼物。此时，死神正在大洋的彼岸徘徊，他的小妹妹苏日丹娜被列在了死亡名单上。

心中的上帝死了

1901年4月的一天，纪伯伦正在婶母家收拾行李，外面来了一个邮差，说有一封纪伯伦先生的信。他收了信，那是从波士顿寄来的，他想，可能是母亲想问问他几时到家吧。他没有拆信，顺手放进了行李中，因为一会儿他要去哈比卜·苏鲁日老师那里道个别，顺便请教一些问题。

第二天中午，轮船的汽笛声响彻黎巴嫩的码头，它即将带着纪伯伦去大洋彼岸，面对一些很残忍的事情。纪伯伦坐在船舱里，拿出了昨天那封信，他打开了信纸。上面只有几行字，但是却像数道霹雳击中了他，他一时全身麻木。

我亲爱的儿子，我真不愿意告诉你这个消息……你亲爱的妹妹苏日丹娜永远地离开了我们……那个悲伤的晚上，她吵着要见你，要见父亲，我多么想实现她的愿望，可是只有上帝才做得到……愿上帝保佑你平安回家。母亲。

船还在行驶着，纪伯伦的呼吸仿佛停止了，眼前浮现出小妹妹苏日丹娜的身影。他仿佛看见，她在笑着和他告别，他抓不住她，她越飘越远……

不知轮船在海上漂了多少个日夜后，纪伯伦终于回到了波士顿的家。

凌晨，纪伯伦与哥哥的房间里漆黑寂静，纪伯伦还没有睡着，他邻床的哥哥听见了他很轻的啜泣声。

布特罗斯知道弟弟还在伤心，但他在海上已经很劳累了，他该早点儿休息，哪怕多睡一会儿也好。

纪伯伦睡不着，他沉浸在悲伤之中无法自拔。他祈求哥哥，就让他哭一会儿吧！他的妹妹死了，他心中的上帝也死了。今后他的世界里将没有上帝，他该怎样去生活？

布特罗斯认为他的弟弟在发烧，弟弟一定是被悲伤和劳累弄得头脑糊涂了，所以才瞎说一些不存在的事情。

纪伯伦痛恨肺病，它是死神的刽子手，它不断地在为死神创造着死亡。可怜的苏日丹娜是无辜的，她明明没有做过什么坏事，就像一朵晚香玉般纯洁，可为什么要选中她？

纪伯伦伤心得失去了理智，不论哥哥说什么安慰的话，都阻止不了他对命运的怨恨。他不停地问着"为什么"，都是些谁也不知道答案的"为什么"。

哥哥不想再让自己的弟弟这样，想岔开话题，让纪伯伦讲讲卜舍里的事情。他问弟弟去过哪些山，游过哪些水，是不是经常早起去看太阳，有没有对着初升的朝阳向哥哥问好，有回小学去看看吗，那个把他关禁闭的"驴子老师"还在不在？

他的哥哥开始回忆他们的小时候，他离开卜舍里那个地方已经有六七年了，他没有知识，也没有钱。可纪伯伦不同，他上过学，会画画，会外语，他是全家人寄予希望的梦想承载者。

"我还不知道，你在绘画和写作哪方面更有水平，你想成为作家还是画家？"

纪伯伦终于停止了对"为什么"的追问。

"布特罗斯，你知道吗？人类早就忘记了写作这门艺术，他们写的东西没有灵魂，没有美感，因为他们没有用感情去写，只是在铺设着语言的人行道，那些文字就像是僵尸一样。"

布特罗斯听不懂纪伯伦讲的艺术，他只知道他回不去黎巴嫩了，肯定再也见不到那个清净的山村了……

一阵剧烈的咳嗽在黑暗中响起，与悲伤的空气共鸣着，它似乎暗示着又将有不幸发生。

波士顿的1月是白色的，天空中飘下如泪般轻柔的雪花。新的一年来了，它没有为这里的人们带来什么，却撕掉了他们的一页青春。

那天，纪伯伦正沉浸在《圣经》的"福音书"之中，尽管他已经读过很多遍，但每一次读都好像是第一次读。突然，他抬头望了望窗外，若有所思——所有的人都在想着生存，尽管他们的终点将会是死亡，他们还是在寻求生存。可见，生命在他们心中是何等珍贵。如果所有的灭亡，都是复归本原，那么所有人都将是死着的存在。

纪伯伦拿出铅笔和画纸，开始勾勒他心中的一幅画。他没有丝毫的犹豫，笔尖不停地在画纸上摩擦着。他突然停住，拉远与画纸的距离观摩着，以至于没有注意他到抽着的雪茄已燃尽。

他继续着，不到两个小时，画纸上浮现出一个女孩的头像。她的双眼微睁，两个距离细小的眼皮之间，仿佛隐藏着待放的泪花。她的小嘴半开着，像是包含着世间全部美好的源泉。长发向左右掀起，仿佛是一双可以翱翔蓝天的翅膀。在画的下方是一团人形的火焰，它是少女的生命之火，它正在美丽的天堂里旺盛地燃烧着。

他仍思念苏日丹娜，但她已经回到上帝那里，复归本原。她可能在清晨的阳光里，也可能在树木的新叶上，或者藏在待放的花蕾中。她回归了自然的怀抱，她依然美丽。

纪伯伦久久地看着这幅画，他觉得她美极了，他刚要拿起笔署上自己的名字，突然，一阵剧烈的咳嗽声从厅堂传来，哥哥布特罗斯回来了，他感觉很糟糕，下午的时候咳出了血。

母亲叫来了医生，医生检查过后，在纪伯伦的耳边留下了一句不祥的话。那句话的余音在纪伯伦的脑中翻江倒海，他仿佛又回到了几个月前回波士顿的轮船上。

肺病，这个死神的刽子手，它刚刚在几个月前夺走了他的妹妹，现在又将手伸向了他的哥哥。

第二章 泪雨时节：遍地悲伤的日子

3月的阳光，在波士顿的建筑上游走。这个不懂得悲伤的城市，继续着它记录故事的职责。

布特罗斯整天躺在病床上，刺耳的咳嗽声时常在这个家里回荡。母亲卡米拉的身体也日渐消瘦，纪伯伦和大妹妹玛尔雅娜在家里照顾着。

那是个安静的下午，房间里不再有布特罗斯的咳嗽声，他的呼吸与咳嗽声一起消失了。纪伯伦再一次陷入痛苦的泥沼中，他觉得他失去了自己的一只手臂，无力支撑头顶的天空，它变得无比沉重。

葬礼那天，纪伯伦在墓地里，看见了很熟悉的一幕。他在很小的时候，曾来过有这么多墓碑的地方。那时候他要找一个人的墓碑，但是没有找到。现在他知道了，那个叫耶稣的人不在这里，他的哥哥和妹妹也许已经见到他了。

然而，残酷的命运并没有就此放过他，她的母亲不堪承受接连失去两个孩子的痛苦，身体彻底垮掉了。纪伯伦不想再失去他的亲人，他用自己的一些积蓄和布特罗斯留下的一些钱，把母亲送到了医院。但是，医生却再一次在他耳边留下了不祥的话。

纪伯伦突然感到寒冷瑟缩，全身都在颤抖，呼吸急促……他的世界仿佛崩塌了，那是他从小就深深爱着的母亲，他心中爱与美的化身，也要离他而去吗？他无法接受这个事实，他冲到了外面，望着阴郁的天空，内心在大声地呼喊着："主啊，善良的主！您在哪？您在哪？"

这是命运写好的剧本，他们曾经设想的一切，都被命运燃成灰烬。

6月的一天，炽热的阳光烘烤着波士顿的街道，可纪伯伦的世界却是冰冷的。那天，他心中爱与美的化身，圣母般慈爱的母亲与世长辞。他的世界彻底地崩塌，他失去了那个可以让自己依偎的怀抱，失去了为他祝福的手和眷顾他的眼睛。

不灭的风中残烛

纪伯伦接连失去了三位亲人，家里变得空荡荡的，纪伯伦和大妹妹玛尔雅娜就像两根风中残烛，支撑着这个家的光明。

为了房租和煤气费，妹妹没日没夜地做着针线活，纪伯伦看在眼里痛在心里，他劝妹妹不用做得太多，至少不要在昏暗的煤油灯下做，会把眼睛弄瞎。可玛尔雅娜却反问他，整天写作画画，不是也一样劳心费神吗？如果不努力工作，他们就交不起房租，就会被赶到街上做乞丐了。

在那些日子里，纪伯伦不再像个男子汉，他经常流泪，为已经离他而去的家人流泪，也为和自己过着贫寒生活的玛尔雅娜流泪。但他并没有自暴自弃，他仍旧努力着，他废寝忘食地挥舞着画笔，完成了一幅幅优秀的画作。

纪伯伦去拜访过戴伊先生，想让他帮忙展出自己的画，但是却被告知戴伊先生出国了，不知要何时回来，纪伯伦留了封信给他。

回去后，他开始把心思放在写作上，他将自己的心情化为文字，写成散文诗，将自己学到的知识写成文学小品。

1903年初，一个叫艾敏·欧莱伊的黎巴嫩青年，在纽约创办了专门发表侨民作家作品的《侨民报》，并且有阿拉伯文版面。一个周一的上午，纪伯伦在侨民小学时的英文老师，给他带来这个消息。于是，纪伯伦将自己的几篇文学小品整理好，寄到了纽约，但是一直没有得到回信。

半个月后，就在纪伯伦觉得已经石沉大海的时候，他收到了一封邮件，里面是20美分和一份录稿函，还有一封邀请他去纽约见面会谈的信。他兴奋地跑进屋抱住正在做着针线活的妹妹。玛尔雅娜差点儿刺破自己的手，她为哥哥感到高兴，因为她已经很久没有看见过哥哥露出灿烂的笑容了。

几天后，纪伯伦在纽约见到了艾敏·欧莱伊，他们谈得很投缘，艾敏·欧莱伊很欣赏纪伯伦的文学小品，他鼓励纪伯伦继续创作，有写好的文章都可以寄给他。纪伯伦在这位朋友的鼓励下，重新燃起了信心。

1904年的4月，纪伯伦收到了两封信，一封是戴伊先生的，另一封是远在黎巴嫩的父亲的。父亲在信上说，一个亲戚写信告诉他，他的女儿生病了，他非常担心。

纪伯伦此时才想起，他的父亲还一无所知。屏蔽那些令人悲伤的事情，或许是一种幸运，也是一种幸福。纪伯伦决定隐瞒下去，他给父亲回了信，告诉他所有人都很好，请不用担心，并给他寄去了一些钱。因为他们有一段时间没有寄钱回去了，怕父亲产生怀疑。

戴伊先生的信上说，可以帮他举办画展，但是只能找到小展厅。纪伯伦心里清楚，他现在只是个无名小卒，好的展厅根本不屑于理会他。但这也是一个机会，他很认真地整理了他的画。

那天，纪伯伦一直整理到凌晨。他检查皮包里还有没有落下的画时，偶然发现了一篇文章。那篇文章的题目是"音乐短章"，是他去年写的，它被遗忘在这黑暗的空间里。那是一篇赞美音乐的长文：

我坐在我心灵的爱恋者身旁，听着她的诉说。我默默无语，静静地倾听着。我感到在她的声音里有一股令我心灵为之震撼的力量。那电击般的震颤，将我与自己分离，于是我的心飞向无垠的太空，在那里遨游。它看到的世界是梦，而躯体是狭窄的囚室。

一股奇异的力量，汇入我爱人的声波里，她随心所欲地支配着我的情感。因着那让我满足于无言的魔力，我竟疏淡了她的语言。

人们啊，她就是音乐！我听到了她！当我的爱人在某些情词之中叹息时，或在某些情词之中微笑时，我听到了她！当她有时用断断续续的语言，有时用流畅连贯的语言，有时又用留一半于唇间的语言讲述时……

纪伯伦自己都不敢相信，这些优雅的文字出于自己的笔下。他开始默默地读着，一字一句地修改着，最后不知不觉高声地念了出来。改罢，他觉得这会是一篇能让世人问起"纪伯伦·哈利勒·纪伯伦是谁？"的文章。

窗外已是黎明时分，他终于走向了床铺。

纪伯伦的画展将在一个月后举行，他的那篇文章也在去往纽约的路上，妹妹玛尔雅娜仍然每天做着针线活，而他自己只能等待。有一天，他突然忆起约瑟芬的事情。这给他带来烦恼的同时，也为他带来了灵感。于是，他开始构思一些故事，一些凄婉美丽的爱情故事，希望能够激起有过同样经历的人的共鸣，与他们分享自己的心情。而他那时还不知，他生命中真正的"守护神"正沿着命运的红线，向他靠近。

泪雨过后

1904年5月,纪伯伦的画展如期举行,纪伯伦做好了每一幅画的解释,等待着拥挤的人群到来。但事情并不是靠想象能实现的,展出了几天后,纪伯伦对画作的解释依然埋藏在肚子里,因为来的人不多,也不踊跃,他的画一张也没有卖掉。

展出的最后一天,纪伯伦坐在小展厅的角落里,任失败感吞噬着他的情绪神经。他凝视着手中的杂志,但一个字都没有读进去。他自我安慰着,并不是他的画不好,只是参观者们都没有看懂,他们看着他的画就像看一张抽象的符咒一样。但他们为何不向他提问呢?

当天上午,一个参观者说了这样一句话:"这是一个小男孩努力的结晶,但他的缺点就是太想把艺术的成果展示给大家。"那个男人和三个妇女一同进来,一进门就讲着艺术,不停地评论着画作的短处。而纪伯伦则评价他为"一头乱叫的驴"。当然,"一千个人眼中有一千个汉姆雷特",有一位女士和她的男伴就在不停地夸赞,"这是多么富于想象力的作品!"但那个女士似乎并不懂得艺术,只是在惊叹而已,对画的真正精髓并不感兴趣。

午后,展厅里的参观者屈指可数,纪伯伦仍旧捧着他的杂志,思考着他的画,任失败感鞭笞着好胜心。这时,又有一位女士走了进来,纪伯伦抬起头瞄了她一眼,又低下头看手中的杂志,不再理那些人的话语和动作,也不在乎他们买或不买。但他还是略微瞥了一眼刚刚进来的那位女士,看到她在一幅画前思考着什么。他想起了玛尔雅娜的针和线,于是放下杂志,走过去带着羞涩的笑容问话。

"女士,您是否需要我解释这幅画的寓意?"

这是纪伯伦和她说的第一句话。

那位女士很优雅地对他一笑。

"给您添麻烦了,我觉得这些画是不寻常的,先生,您是一位艺术家吗?您是否认识这幅画的作者?"

这是她对纪伯伦说的第一句话。

纪伯伦告诉她,作者就站在她的面前。

"很荣幸认识您,我的名字是玛丽·哈斯凯尔,是一所女子学校的校长。"

他们的手握在一起。就是这样一个偶然,纪伯伦和他一生中最重要的人相遇了,命运的红线完成了它的使命。

玛丽问纪伯伦是哪国人,她从纪伯伦给她的印象猜他是法国人或意大利人。纪伯伦却告诉她他是黎巴嫩人。听到黎巴嫩,玛丽想起了杉树和《雅歌》。纪伯伦告诉她自己就出生在"上帝的杉树下",那是"圣谷"的山坡下,一座叫卜舍里的小山村。玛丽从他的谈吐断定他去法国学过艺术,但她又错了,她并不知道纪伯伦是个天才,只是在波士顿简单学习过。

玛丽指了指墙上的画,请纪伯伦帮他解释。吸引玛丽的是《灵魂皈依上帝》,纪伯伦很细心地向她阐释这幅画的寓意。画的最上面是上帝的面孔,下面是象征灵魂的火焰,朝着上帝冲去。一个人的灵魂来自上帝,死后又要回归上帝,这就是画的意义所在。

纪伯伦讲了很长一段非常有艺术感的话语,玛丽觉得纪伯伦的解释是美好而明智的,她第一次听到那般美妙的解释。

玛丽又指了指另一幅让她很费解的画,那幅画叫作《痛苦的喷泉》,上面是相互纠缠在一起的赤裸躯体,仿佛有一股力量将他们抛到空中,又似喷泉的水珠落在水池中一样。那是痛苦的躯体和面孔,是灵魂被痛苦挤压后的形态,痛苦比快乐更有力量,就像是个喷泉一样。

玛丽问他为什么要用裸体。纪伯伦告诉她,生活就是赤裸的,赤裸的躯体是最接近完美的。玛丽是个很聪明的女人,她从纪伯伦对这两幅画的解释中察觉到了一些更深层次的东西,她便问他所讲的死亡和痛苦是否包含着另一层意义。玛丽的这个问题,让纪伯伦不得不把他的回忆翻到最痛苦的一页。

他将在一年多里接连失去三位亲人的经历告诉了玛丽,玛丽十分理解纪伯伦的心情,因为在不久前,她的母亲也去世了。他们彼此产生了共鸣,玛丽觉得他们之间已经有了两层亲戚关系——艺术和痛苦。她被纪伯伦深深地吸引,她告诉他随时可以去学校找她,让这种"亲戚关系"保持下去。她很庆幸自己能被朋友告知这里有一场画展,有幸能认识纪伯伦和他美妙的艺术。

但她更应该感谢命运,有些相遇就是冥冥中注定的,那是命运眷顾于一个人的幸运。

他们聊了很久,像是久别重逢的朋友。他们相见恨晚,责怪命运没有早一点儿将友谊之花送到他们手中。虽然纪伯伦的画展不算成功,但终归是有了收获,他很高兴能遇到一位愿意听他讲艺术的女士。然而他并不知道,自己已经握住了寻找多年的"守护神"的手。命运,这位最伟大的编织者用它的梭,收拢了两个人的生活之线,将他们的人生织在了一起。

第三章
爱情季节:沉醉在深深的爱河

面对面畅游心海

纪伯伦第一次去看望玛丽，她为他引见了另一个朋友——米什莉，女子学校的管理人之一，也是一名法语教师，是个法国人。米什莉听玛丽讲述了展厅的经历后，非常想看看这个绘画天才是个什么样的人。她还向玛丽提议，在学校为纪伯伦办一次画展。

玛丽热情地招待了纪伯伦，不停地向米什莉夸赞他，询问他是否愿意在学校展出他的画作。纪伯伦当然很愿意，也很高兴能有两位女士如此欣赏自己。

在外貌上，玛丽虽然算不上倾国倾城，但是很有气质。她有一对大而明亮的蓝眼睛、一张洁白红润的鹅蛋脸，但因为工作略显憔悴。

她讲话常常脱口而出，不斟酌也不犹豫。她提出自己的见解时就和盘托出，措辞十分精炼，丝毫不逊色于纪伯伦。她是个充满智慧而理智的女人，厌恶欺骗，不嘲弄人。这样的人是纪伯伦所欣赏的，谈话间，他不住地看着她。但那时纪伯伦的目光，就只是出于欣赏，因为他的邻座还有一位美丽的女士。

米什莉的容貌可人，举止庄重，说起话来有时像个孩子，有时又像个哲学家，风趣幽默间流露着智慧。

米什莉对纪伯伦非常热情，她不住地和纪伯伦说话，夸赞她的校长——玛丽喜欢推己及人，教师和学生都非常喜欢她。她遇事镇定，处理事情井井有条。她告诉学生们，在这所学校里，爱就是规章制度，每个人都要自律。

他们的谈话持续了两个多小时，重大的话题中夹杂着一些日常琐事。他们从艺术谈到蔬菜的价格，从天主教谈到个人的作息习惯，又从文学巨著谈到黎巴嫩的天气……纪伯伦担当着主讲，他在两位女士面前侃侃而谈，连那些日常琐事也都讲得头头是道。他充满着自信，口若悬河，翻遍脑中的词典，找那些更精彩的词汇，想把所有讲出来的话都变成经典。而他的"两个对手"虽然没有他的话多，却也毫不逊色。两人对于艺术的见解，玛丽明显更胜一筹。纪伯伦一边用头脑交谈，一边用心交谈。他思考和观察着两位女士，此刻，他更倾心于米什莉，她的美丽夺走了他的心。他也能感觉得到，米什莉也是欣赏自己的。因为米什莉看自己的眼神，就和那时的约瑟芬一样。

纪伯伦在玛丽和米什莉之间，选择了米什莉，没有选择他的"守护神"。但这不是错误，是一个男人的本能，毕竟玛丽是一个比他大很多的女人，她很可能会背叛他。有了约瑟芬的教训，他不能再走那条错误的路。

那天晚上，纪伯伦喝了比平时多几倍的咖啡，用了比平时多几倍的画纸。这一切都是为了画好一张米什莉的画像，他想将她画得完美无缺，可他也知道那只有上帝才做得到。最终他挑选了一幅接近于完美的，将其他的都扔进了垃圾桶，然后缓缓地走向了床铺。此时，天刚刚破晓，他慢慢地睡着了。

一个星期后，他在女子学校举办的画展取得成功，得到了所有教师和女学生的赞扬，玛丽还买下了两幅画——《痛苦的喷泉》和《思想之舞》。两人就此结为挚友，纪伯伦也收获了他的第一桶金。在这期间，纪伯伦不断有作品刊登于《侨民报》，并被其他阿拉伯文报纸转载。

在那之后不久，纪伯伦就与米什莉开始了秘密的恋情。因为害怕玛丽疏远自己，所以他不想让玛丽知道他与米什莉的关系。

1904年10月，在玛丽的帮助下，纪伯伦的40幅画作在波士顿一个很不错的展厅展出。但这一次他非常不幸，一场意外的火灾将他的大部分画作焚毁，纪伯伦受到很大的打击。他去了挚友玛丽那里倾诉，玛丽鼓励和安慰了他。纪伯伦也因此更不愿意让玛丽知道他的秘密恋情。

美丽的错误

纪伯伦与米什莉的恋情秘密地进行着，他一直没有公开他们的关系。这位年轻的诗人因为对情感问题的胆怯，而搞"地下恋情"。米什莉无法理解他的想法，她开始对这份感情产生怀疑。

在这种关系维持了两个月后的一天，纪伯伦来到米什莉的住处。纪伯伦一进门，米什莉就问道，今天他带来了什么？是眼泪还是欢笑？

纪伯伦的回答是欢笑，他为自己高兴，他的散文诗正在被全世界所有的阿拉伯文报纸转载。他也为他的妹妹高兴，她不用再做那么多针线活。纪伯伦拥抱他的恋人，吻了她的脸颊。然后，他从口袋里拿出《侨民报》，开始为米什莉口译他的一篇叫《女友》的散文诗：

第一眼：那虽然只是短暂的一瞬，却将我人生的醉与醒分割开来。心的各个角落，被那第一道光芒照亮。那是在第一根心弦上，拨响的第一声神奇的声音。这一刹那，心灵仿佛又听见往日的传闻，让它看到了失眠之夜的拙作……

……

第一吻：上帝在我的心中斟满了爱和美的酒，那吻，便是从中啜饮的第一口。过往之事依然让人半信半疑，它却让喜悦填满了心头。它是美好人生的序幕，是精彩生活诗篇的开篇，是一根连接非同寻常的过去与辉煌灿烂的未来的纽带……

……

婚配：从此，爱情便将生活写成美丽的诗篇，把生命的内容汇成经卷，夜以继日地吟咏。从此，思慕之情揭开了蒙在昨天那些不解之谜上面的幕布……

……

米什莉开玩笑地问他，这位幸运的女友到底是谁呢？你什么时候与她结婚？纪伯伦说，他已经在上帝面前与她完婚，他为了这份纯洁的爱，已经将他们的灵魂融合成永恒的宝座。他认为生活不会将他们分开，生活是永恒的，他们的爱也是永恒的。他们所梦想的、渴望的都将实现，这就是他们的爱情。

纪伯伦说了一堆华丽的情话，以自己的方式向米什莉传达着他的爱意。但米什莉只想知道，他何时能将他的女友带到人前，让人们见证他们的幸福。

纪伯伦不屑地笑了，他认为这是个很世俗的想法，也是个缺乏自然性的想法。他们不必去在意"人们"，"人们"只会想方设法拆散他们，不会有成人之美的心。他憎恨"人们"，"人们"的道德观曾让他误行了一段错误的感情之路。

年轻的纪伯伦把爱情想象得过于脆弱，创造得过于浪漫。而米什莉不需要浪漫，她只想和自己的爱人大大方方地谈情说爱，不愿意搞得像偷情一样。她质问纪伯伦，作画难道不是为了"人们"？写诗难道不是为了"人们"？他所用的笔难道不是"人们"创造的？他所吃的面包，所喝的咖啡不都是"人们"创造的？他所收获的赞扬不都是"人们"赐予的？

年轻气盛的纪伯伦不想在嘴上输给一位女士，冲动上脑，用了一些不好的词汇。他说米什莉就像是一只住在鸡窝里的鸡，只能看见视线所能及的地方，而他是一只翱翔于苍穹间的鹰，可以俯瞰生活，看到这个世界的真相。

米什莉很失望，眼前的这位青年像是个自私的苍鹰，他认为所有的一切都要为他自己做牺牲。她无法忍受这种关系，在学校里，她就像是教师和学生们嘴里的口香糖，整天被咀嚼着。她不止一次地向纪伯伦提出公开恋情，可纪伯伦却一直命令她保守秘密，特别是在玛丽那里。他只会给她读诗歌，而又抱怨她不能为他的每字每句喝彩奉承。她是一捧尘土，不懂得他天国的美。她请求他结束这段感情，她不是个诗人，不适合做他的女友。

纪伯伦这才意识到说了过分的话，但覆水难收。他向米什莉道歉，但她已经不想听任何话。此后，他们便很长时间没有再见面。

当时，玛丽对他们的关系已经有所察觉，她只是睁一只眼闭一只眼，不想破坏他们三人的关系。她非常欣赏纪伯伦，想挖掘这个青年挚友的才华。但她无法帮他解决情感困扰，那是需要他自己处理的问题。

在那之后的一段时间里，纪伯伦的心情十分低落，还生了一场病。这种状态一直持续到1905年的初夏，纽约那边传来了好消息——他的文章《音乐短章》发表于《侨民报》，艾敏·欧莱伊还将他现有的散文诗汇成合集《泪与笑》出版。同时也收到了对方的来信，问他另一部小说集《草原新娘》的进度怎样了。

他给艾敏·欧莱伊回了信，首先向他道了歉，因为个人身体和情感问题，使《草原新娘》第三个故事的完稿日期延误，并且感谢他一直以来的帮助。

1906年初，艾敏·欧莱伊为他出版了《草原新娘》，并且亲自作了序。纪伯伦信心重燃，他开始整理之前停滞的《叛逆的灵魂》。

那段时间，玛丽开始频繁出现在纪伯伦的生活中，他需要帮助时她就会出现，在他的灵感枯竭时，她会为他的头脑注入智慧的泉水。纪伯伦开始意识到，玛丽对自己是多么的重要，她是多么美好，爱河之水渐渐转弯，流向玛丽的心灵岸边。

来自女神的恩惠

　　1907年的一个黄昏，纪伯伦带着他刚刚写好的几篇故事来到了玛丽的住所与她分享，顺便也是让她把关。

　　纪伯伦喜欢与玛丽分享自己的一切，他觉得玛丽是可靠的，除了母亲以外，她是唯一一个让他感到可靠的女人。

　　他与玛丽分享他们的过去，讲述他们相遇的奇妙。他，是在玛丽来到这世界十年后才降生人间的，他们曾经风马牛不相及。但如果他不是在卜舍里出生，如果没有家庭的变故，如果没有他的哥哥，他们一家就不会来到美国；如果母亲和哥哥在波士顿没有亲戚，他们就不会在波士顿定居；如果他不爱好绘画，不从事绘画，就不会有那场失败的画展；那样也就不会有他们的相遇，可这一切都发生了。纪伯伦相信他们是注定相遇的，那绝非偶然。玛丽也觉得非常不可思议，人们喜欢把发生位置不明确的事件称之为偶然，但她觉得这些事情的发生是明确的。

纪伯伦为玛丽口译了一篇故事，玛丽对其赞不绝口，但她唯一遗憾的就是不能自己读懂它，因为它是阿拉伯文。玛丽看着那些不认识的阿拉伯文字，很遗憾纪伯伦不会用英文写作。他已经是个杰出的年轻作家，但却一直停留在阿拉伯语界。纪伯伦的英文虽然交流无障碍，但是他从未应用到写作上。

　　玛丽开始指导纪伯伦用英文写作，纪伯伦每天晚上会准时去玛丽那里"上课"。他的英文基础很好，经过玛丽一段时间的指导，他的英文写作也逐渐得心应手。

　　一天晚上，纪伯伦无意间留意到玛丽房里挂着的《痛苦的喷泉》，他突然想起，自己一直忙于文学创作，很久没有画画了。善解人意的玛丽看着若有所思的纪伯伦，猜到了他的想法。她问他想不想去巴黎继续美术学习。纪伯伦听到玛丽说出的这几个词语后，眼中仿佛出现了一座鲜艳多彩的花园——巴黎，那是艺术大师的国度，是他梦寐以求的去处。可这美好的景象马上又消失了，他现在的经济条件扼杀了他的美梦。

　　但玛丽接下来的话，让他相信了这世界上真的有女神存在——"哈利勒，如果你想去的话，我会负担你的路费，并且每个月会给你寄去75美元的生活费，直到你学习结业。不知你是否愿意接受我对你这个天才的爱护？"

　　纪伯伦不敢相信自己的耳朵，但他当时的确听见了这样的话。他激动得说不出华丽的词藻来感谢这位"女神"，他笑了，带着些泪，他紧紧抱住玛丽，玛丽也抱住他。他仿佛躲进了"守护神"的翅膀里，那里温暖而舒心，可以阻挡世界上的一切不利之物。

回家后，他把这个好消息告诉了玛尔雅娜，玛尔雅娜很为哥哥高兴。她最近觉得手中的针线活轻了许多，他们的伙食也改善了许多，那所清净的房子中的每一张桌子、每一张椅子开始变得一尘不染。

1907年，艾敏·欧莱伊出版了纪伯伦的小说集《叛逆的灵魂》，并再一次亲自作序。他写信告诉纪伯伦，他即将动身去黎巴嫩。而此时的纪伯伦正在准备他的巴黎之行，他给他的好友回了信，说上帝在不知不觉之中为自己安排好了一切，在波士顿有一位上帝派来的"天使"，让他看见了闪闪发光的未来，为他拓开了通往巴黎的路。他拜托艾敏费心将《叛逆的灵魂》卖到纽约和内地的读者及出版商手中，并感谢他为它作序。

但他没想到，这本书后来被土耳其政府宣布是"危险的、叛逆的、毒害青年的"书，并在土耳其统治下的贝鲁特中心广场上当众焚烧，给纪伯伦定下了"叛逆分子"的罪名。

在动身之前，纪伯伦给几位好友——贾米勒·马鲁夫、艾敏·雷哈尼、优素福·侯维克等人写了信，告诉他们自己的行程，却意外得知艾敏·雷哈尼，优素福·侯维克当时已身在巴黎。

纪伯伦动身离开的前一天，他与妹妹共进了一顿丰盛的晚餐。他有些放心不下妹妹，上一次离开让他失去了母亲、布特罗斯和苏日丹娜，他不能再失去玛尔雅娜了。玛尔雅娜也非常不舍，唯一在身边的亲人就要远行，留下的只有她一个人。她发誓在哥哥不在的时光里，一定好好打理这个家。

纪伯伦依依不舍地告别了妹妹，再一次离开了波士顿，向东方行进，在6月底抵达了巴黎。他租了一个条件简陋的小画室，夏季的巴黎雨水天气很多，那个画室有些潮湿。几天后，他到法国巴黎艺术学院报到，之后见了优素福·侯维克和艾敏·雷哈尼。三人一起去参观了巴黎的博物馆、美术馆和一些古迹。

10月初，纪伯伦给玛丽寄去了第一封信：

亲爱的玛丽：

我在一个乡村里，和两位朋友在一起。他们来自我的祖国，是一对夫妻，他们过着简朴而又惬意的生活。丈夫的胸膛里跳动着一颗壮志雄心，妻子的姣容与灵魂中闪烁着灿烂的美。他们都很喜欢诗歌，他们的家乡芳草萋萋，绿叶成群，看上去像一座大花园。

那里的房舍，远远望去，如一片洒在天鹅绒地毯上的珊瑚。

我在画画，不，是在学画画。有道是"业精于勤，天地随苦练而渐宽"。这是多么高明的思想！很精辟！有时我放下绘画，就像个被迫睡觉的孩童。

亲爱的，你还记得吗？我们过去认识的人和物，都是通过听觉，声音首先进入我们的灵魂；如今，亲爱的，我认识人和物则通过视觉，正像显示的那样，我的记忆力正在保存人和物所具有的形状和光彩。

哈利勒

纪伯伦到巴黎的前几个月，就像个孩子一样享受着艺术之都的风土人情。他在这里见识了很多古典艺术流派和新艺术流派，并且参观研究了这些流派。他会每个月为玛丽寄去一幅画，算是他的"作业"。

第一封信寄出不到一周，他又给玛丽寄去第二封信：

亲爱的玛丽：

最近，我的身体觉得有些冷，但头脑却很清醒，精神状态处于巅峰。我衷心问候你，我要向你宣布，存放在你手里的那些画和肖像都属于你。而我在巴黎这间画室里的全部画作也都属于你，你可以按照自己的意图，自主地支配它们。

我的这席话带着些老人的沉静语调，但却是我的心愿与情感的直率表达。我希望我能活得久一些，那样就可以为你准备更多的果实。因为你给予了我太多太多，当我功成名就的那天到来之时，我一定会说：

"承蒙玛丽的恩惠，我成了艺术家。"

"承蒙玛丽的恩惠，我成了画家。"

现在是午夜时分，周围一片寂静。对面作坊里那位柔声的妇人也已默不作声。

我听不到她的动静，她那动人的来自俄国的歌声，不再取悦于我的耳畔。

衷心为你祈祷！

哈利勒

巴黎的夜晚有些凉，纪伯伦在画室里经常打喷嚏。为了让自己免受病魔侵袭，他备了很多药。他不能倒下，因为现在他的每一幅画，都是为了玛丽而画。他必须保持着健康，用自己的智慧与双手去回报他的"天使"。

那晚，他写完第二封信，天已快黎明。他没有睡意，就又抽了一根雪茄，他将信纸整齐地塞进信封后，走到画架前，开始构思他所爱的第三个女人。她和约瑟芬、米什莉不同，她是个善良的"天使"，她无私地为他付出，给了他想要的一片天空，又将自己那双大而温暖的翅膀赐予他飞翔，这等恩惠也许他此生都无以为报。

当画纸上的天使浮现时，天刚刚破晓，他缓缓走向了床铺。

我在这里想着对岸的你

1908年1月6日,当太阳俯视着巴黎的时候,纪伯伦还在床上蒙头大睡。他的画室凌乱不堪,桌上放着散乱的笔,茶杯残留着未饮尽的咖啡,画纸上有个半身的裸体女郎。

对面作坊的声音将他吵醒,他摸出枕下的怀表,发现已将近十点。他掀被下床,光着脚走到窗前,拉开窗帘迎接这新的一天。他脚底的地板透着寒气,身上有些发抖。他坐在画板前,继续昨晚的创作。

接着,他开始一支又一支地抽烟,仿佛在那烟雾中能看见往昔的一切。巴黎圣母院的钟声响了,中午已至。他从"梦"中醒来,急忙穿好衣服,去赶赴下午一位教授关于米开朗琪罗雕塑艺术的演讲。

从会场里出来时,已是黄昏时分。他走过街道,穿行小巷,仿佛曾无数次重复着这个行动。突然,一行阿拉伯诗句从他脑中飞过:"世界就像是一张蜘蛛网"。他顿时觉得自己就像是挂在网上的一只小苍蝇。

他在家门口碰见了邮差，是玛丽给他寄来的信。里面是75美元的汇票，还有生日祝福。玛丽记得他的生日，记得一个纪伯伦自己都差点忘记的重要日子，她对他在艺术领域的才华和前途坚信不疑。而纪伯伦寄去的信封中也装满了爱，她心里是清楚的，她没有回应，不敢回应。怕这位艺术家的世界，会因为自己的涉足而被影响。

天暗了下来，街上静了许多。纪伯伦点燃了壁炉，煮上一壶咖啡，回忆着25年前的"今晚"，他光着身子来到这个世界。25年前，他脱离了宁静，进入了这个充满斗争和喧闹的空间。

他缓缓地坐在桌前，伏案提笔：

是在这样的一个日子里，母亲生下了我。

二十五年前的这一天，寂静把我降生在这充满了喊叫、纠纷和斗争的人世间。

如今，我不知道月亮围着我转了多少遍，我绕着太阳却已经转了二十五圈。不过我还是不明白光明的真谛，也不懂得黑暗的奥秘。

……

每年的这一天，沉思、遐想和对往事的追念，全都涌上了我的心头。它们让往昔的日日夜夜都映现在我的眼前，然后又把它们驱散。

好似清风吹散天边的残云一般。于是，那些回忆渐渐消逝在我屋子的各个角落里，就好像淙淙小溪在空寂深远的峡谷里流逝。每年的这一天，我的心灵描绘出的各种魂灵都从天涯海角向我纷至沓来，它们围拢着我，唱起回忆往事的悲歌。

……

二十五年中，我像所有的人一样，爱着幸福。每天醒来，我同人们一道把幸福寻找，但在他们的路上，我从未把它找到。在人们宫殿周围的沙漠上，我未看见幸福的脚印；从人们寺院的窗户外，我也未听到里面传出幸福的回音。

……

……这颗心灵，这个被我称之为"我"的自己，我感觉到了他的行动，我听见了他的喊声。现在他正振翅飞往天空；他的两手伸向远方。在今天这样一个表明他的存在的日子里，他浑身战栗，东摇西晃，用出自最圣洁的心灵的声音，大声说道：

"你好啊，人生！你好啊，清醒！你好啊，睡梦！你好啊，白天！——是你用自己的光明驱散了大地的黑暗。你好啊，夜晚！——是你用自己的黑暗衬托出星光满天。你们好啊，一年四季！你好啊，春天！——是你使地球又变得年轻！你好啊，夏天！——是你在传颂太阳的光荣。你好啊，秋天！——是你奉献出辛勤的果实和劳动的收成。你好啊，冬天！——是你的愤怒重现了造化的坚定。你好啊，岁月！——是你把掩盖的一切又展开。你好啊，世代！——是你把历代破坏的一切重新修复起来。你好啊，使我们日臻完美的光阴！你好啊，掌握人生的缰绳，带着阳光的面纱致使我们看不到你的真相的灵魂！心啊，我向你问候，因为你泡在泪水里，不能嬉笑着问好。嘴唇啊，我向你问候，因为你在问好的同时，自己正在尝着苦的味道。"

纪伯伦将这一纸文字命名为——我的生日。写罢，他觉得眼睛有些模糊，用手去揉，才发现都是眼泪。

一个月后，玛丽在来信中提到了米什莉。她说米什莉消瘦了许多，脸上不再有笑容，双眼不再透着光芒，除了在必要的场合，几乎不发一言。

在大洋的彼岸，有三个女人在想着纪伯伦——妹妹玛尔雅娜、旧爱米什莉、"守护神"玛丽。但纪伯伦唯独没有想起过的就是米什莉，他觉得自己犯了罪，那也是他曾经深爱过的女人。但与她在一起时，他只企图取得，而不懂得给予。他们的爱情，因他的自私走到了尽头。米什莉依然痛苦着，但纪伯伦却因为玛丽的出现，已将心中的伤痛抹平。没人知道玛丽为何要在信里提及米什莉，可能是提醒纪伯伦，他们的结局或许也会是这样。

第四章 漂泊的心:巴黎时光喜忧参半

漫步在画纸上

纪伯伦在巴黎期间，拜访了不少艺术界名人，其中就包括艺术大师奥古斯特·罗丹。

纪伯伦看了他的许多作品，每当他站立在那些塑像前，都禁不住为它们的魅力而心醉。那双如上帝一般的手，将普通的石头和青铜，变成了活着的血肉，仿佛赋予了它们生命一样。

在巨幅的《地狱之门》前面，他不止一次地驻足思考，细细揣摩它的微妙之处。

1909年5月，纪伯伦随美术学校的老师和学生，如约去工作室拜访了艺术大师罗丹。那是他第一次与艺术大师近距离接触，他被这位男子汉庄重伟大的品格、独立不羁的作风深深地吸引。罗丹的工作室不是很整洁，那里面放着很多大小不一的油画和素描画，还有石膏和雕像。他当时被一个雕像吸引，它是一双巨大的手，伸展的手指叉开着，并不同程度地弯向手掌。它的每根指节仿佛都包含着来自天地的力量，好像是要抓起泥土，捏成这世界上所有生物的形状一样。

纪伯伦知道它的名字——上帝之手。他在心中问自己，到底是上帝创造了人类还是人类创造了上帝？也许，除了艺术之外，并不存在任何造物主。艺术就是生活，生活就是艺术。他认为一切都是为了艺术而存在的，所以，他要成为罗丹那样的人，被人推崇和尊敬，要让自己的名字在众人提起艺术时就会讲到。

学生们问了罗丹很多问题，罗丹简明扼要地逐一解答，他的每一句回答都包含着对艺术和生活的哲理思考。

纪伯伦只对其中一个回答起了兴趣，那个回答中提到了威廉·布莱克，他是英国的一位奇异的诗人兼画家。纪伯伦对他并不熟，他听罗丹的讲述，感受到威廉·布莱克是个传奇般的人物，他能观察到别人所观察不到，感觉到别人所感觉不到的东西。他能看到梦境，他生活在梦境的世界而不是现实世界。而这一切都表现在他的作品中，不被人理解，读者称呼他为"疯子"。

纪伯伦从罗丹工作室出来后，就忘记了罗丹，他满脑子都是威廉·布莱克。他奔去他熟悉的一家旧书店，很幸运地在那里买到了一本关于威廉·布莱克的书，里面有他的生活经历和各种风格的诗歌、散文和美术作品。

他与这本书在卢森堡公园的木椅上度过了两个多小时，他忘记了世界的一切，除了自己和威廉·布莱克。他一度迷失于艺术的森林中，但他又找到了方向，他看见威廉·布莱克走在他的前面。威廉·布莱克除了他的妻子外，不认识别的女人，他对爱情是忠诚的。

纪伯伦想到自己，不禁叹息。不过，还好他有玛丽，他要娶她为妻，即使她比自己大10岁，即使没有他与米什莉那种肉体吸引力，他们之间有着深深的精神吸引力就足够了。

那晚，纪伯伦回到画室，发现有一封刚送来的信，那是一位黎巴嫩的女性读者的来信，他只是听过她的名字，忘记什么时候给过地址了。那位女读者说读过了他的作品《巴尼村的玛尔塔》，她非常喜欢，希望他能够继续创作出关于妇女的作品，她代表东方的姑娘们感谢他的努力。

随后，纪伯伦又与艾敏·雷哈尼一同前往英国。他们一起参观了博物馆，拜访了一些艺术界名人，游览了一些古迹。此行后，两人便分道扬镳。艾敏·雷哈尼返回了纽约，纪伯伦返回了巴黎。

夏至日这天，纪伯伦刚刚要吃下晚餐的最后一口，就被敲门声打断了。而当他打开门时，被眼前的人惊得一动不动。门外站着的是他昔日的情人米什莉，他一把抱住她，他们互相呼唤着名字。米什莉来巴黎的目的只有一个，就是让纪伯伦选择自己的身份——爱人或是情人。

纪伯伦对米什莉说了一番华丽的词藻后，问她的行李在哪儿？米什莉告诉他，在下榻之处。纪伯伦问地址在哪儿，他会帮她取来。米什莉只希望能让他的心成为她爱情的住所，其他的都不重要。可纪伯伦却说，无论在何处，他们的心都是在一起的。他们同食同饮，同床共枕。纪伯伦的态度让米什莉的心跌到谷底，她能感觉到，纪伯伦对她只有肉体欲望，而没有真实的爱。米什莉闪着泪光说：

"哈利勒，我愿意做你脚下的草席，做你皮鞋上的尘土。让我来为你服务，为你洗衣做饭，打扫你的房间，为你准备咖啡。但是，不要让我成为你的情妇。"

但纪伯伦却说，她是在亵渎爱情和生活，接着又讲出了一段极其荒谬的话："情妇！也许在一千个妻子中，情妇是最荣耀的，地上的法律奉妻子为神圣，天上的法律却蔑视她。"

这些话让米什莉彻底绝望，她呜咽着跑开了，永远地离开了。而纪伯伦在原地呆若木鸡，他简直不相信自己能说出那样无耻的言语。他残忍地扼杀了一个姑娘的爱。纪伯伦还抱有一丝侥幸，他觉得米什莉会回来。但是米什莉始终没有回来，他们彻底结束了。

不幸的事情接二连三，第二天早上，纪伯伦收到一封报丧的信，他的父亲在卜舍里去世了。

都市的天空秋色浸染

纪伯伦最后一次收到父亲的来信，就在不久前的5月中旬。他还在问儿子的近况，然而不久之后他便孤独地在卜舍里的那所旧房子里去世了，他没能看到妻子和孩子最后一眼，他甚至不知道，他的妻子和两个子女已经在另一个世界等着他了。

纪伯伦把失去父亲的痛苦写信向玛丽倾诉：

亲爱的玛丽：

我失去了父亲。他就死在65年前他第一次看到人间光明的那座旧房子里。回想他最后的两封信，我的眼泪不住下落。

他在病榻上为我祝福，就在弥留之际还在为我祈祷。我知道他已安息于上帝的怀抱，尽管如此，我的心灵仍然痛苦不已。我在饱受悲伤之火的灼烧……仿佛死神那沉重的手正轻拍着我的肩膀……我看到了从前的景象——那时候，他和我的母亲、哥哥、妹妹生活在一起，面向太阳微笑……他们现在身在何处？

莫非他们身处无名之地？他们已经团聚在一起？莫非他们正追忆着那走远了的过去？他们离我们或远或近。亲爱的，我知道他们还活着，正在度过庄严的美所统领的余生，他们比我离上帝更近。

七道幕帘再也无法遮挡住他们的视线，事物的真相再也蒙蔽不了他们的眼睛，花言巧语，模棱两可已经终结，欺骗的灵魂也已经消逝，我已经感触到了这一切。尽管如此，我的心灵仍然悲伤难抑。

哈利勒

纪伯伦没有向玛丽讲述过他与父亲的过去，因为那是痛苦的过去，有缺憾的过去。他会给玛丽虚构一些故事，掩饰那段黑暗的日子。

仅仅过了一天，纪伯伦的悲伤就淡了许多。其实，纪伯伦与父亲的关系相比于母亲并不是很亲密，他与母亲在波士顿生活的时间更多，他对母亲的爱多于对父亲的爱。而当时，他有玛丽，他对玛丽的爱也多于对父亲的爱。他在伤心难过、生活失意的时候，一想到玛丽就会振作起来。他觉得拥有玛丽就拥有一切，有玛丽就足够了。

于是，仅一天之隔，他又写信给玛丽，表明他的悲伤已经烟消云散：

亲爱的：

　　你呀，你是我的欢乐，你是我的慰藉……你在夏威夷，在太阳岛上……你在这颗星球的对面，你的白天正是巴黎的夜晚。你属于另一星系，但你仍然离我最近。

　　当我独自一人时，有你伴我散步——我这样看着你，你就坐在我的桌子对面。夜里，你侃侃而谈，我留心聆听……在有些时刻，我发现你来自另一座山峰，既不属于这个世界，也不属于这个星球。

　　我在本子上写下了对现代艺术家们的看法……他们每个人都用不同的风格说话。卡里（法国画家）的画，令我心灵震撼……出于他手下的人物，或站或坐，皆被雾霭笼罩。

　　……他的生命之美并不逊于他的艺术之美，他曾饱经磨难，痛苦不堪……然而他诠释了栖息于内心的痛苦的秘密。

　　他晓得有光在泪中闪烁，任何东西都会在泪珠里闪闪发光。

　　我思念夏威夷的高山和峡谷。

　　亲吻你的手，我闭上眼睛，便看见你，亲爱的。

哈利勒

　　一个月后，纪伯伦又收到了一个不幸的消息，因资金不足，《侨民报》被卖给了叙利亚的出版商，编辑部将会在7月末迁到叙利亚。纪伯伦静静地沉思许久，将他的光辉洒向阿拉伯文坛的《侨民报》也离他而去，它已不在艾敏·欧莱伊的羽翼之下，新的主编不会像艾敏·欧莱伊那样赏识自己。

纪伯伦写信给欧莱伊，告知自己不会再给《侨民报》投稿。他的文章会一直保留到艾敏·欧莱伊的羽翼下长出第二种报纸。

纪伯伦向欧莱伊要了载有他文章的《侨民报》合订本作为纪念。自此，对于《侨民报》来说，纪伯伦成为一个陌生人，他真的再也没有在上面发过文章。

1910年春天，巴黎迎来了每年一届的春季传统画展，这个画展有很多艺术家前来参观并设立金、银、铜三种奖项。展厅里那一排排杰出画家的绘画作品中，有纪伯伦的作品《秋》。《秋》的画面中站着一个戴着面纱的半裸的女人，瑟瑟的秋风正吹着她的秀发，她以优雅的姿态与丰富的色彩向周围的环境诉说着夹杂在夏日欢乐与冬日痛苦之间的忧伤。

谁都没想到，这幅画会在众多杰出画家的作品中脱颖而出斩获银奖。法国当月的报纸上关于画展的文章中，提到这幅《秋》与纪伯伦的名字，并用了许多赞美之词。随后，纪伯伦收到了评判委员会的来信，他们说了很多鼓励他的话。纪伯伦决定将这封信永久地保存起来，纪念自己在巴黎的艰苦岁月。

8月，纪伯伦收到艾敏·雷哈尼的来信，得知他不慎摔伤了肩膀。纪伯伦写信询问了他的伤势，并告诉艾敏·雷哈尼，再过几周他就要回美国了，希望他能恢复健康

10月下旬，纪伯伦踏上了开往大洋彼岸的客轮，即将告别巴

黎，返回美国。他站在甲板上，望着夕阳映射下的巴黎，不禁心生怀念。

纪伯伦在巴黎度过了3年时光，其间他去过很多地方，除了伦敦，还有罗马、布鲁塞尔，也拜访了很多名人。他在艺术学习上的收获甚多，并且画了大量的名人头像。

汽笛声响彻码头，他的心突然被塞满了各种色彩和华丽形貌，沸腾着从往日的幻影中沉淀出的快乐和痛苦。他要抹去很多过去的痕迹，包括和那个给他写过一封信的黎巴嫩姑娘的关系。他要像威廉·布莱克一样，心中只有自己的爱侣。所以，他的心中只能有玛丽，他会向她求婚，甘愿终身做她的奴仆，来报答她在自己艺术追求之路上所给予的恩惠。

可他突然又想到一个问题，如果没有玛丽的帮助，他如何才能赚钱，如何才能让玛尔雅娜摆脱针线活？玛尔雅娜已经26岁了，还没有结婚。她觉得哥哥需要她的针线活，所以不肯结婚。他一直把妹妹的未来，抵押在自己的追求之上。在巴黎时，他把这个问题想得很轻松，每个月能从玛丽那里得到75美元，在满足自己的花销后，还可以剩下一点儿寄给玛尔雅娜。而现在，他的巴黎之旅结束了，那每月的75美元也结束了。在他成为艺术界的名人之前，他可以只靠艺术来生活吗？他还要住在那个出租屋吗？

但是，他还有玛丽啊！他们是相爱的，她欣赏他的才华，了解他的心愿和追求。她不嫌弃他的弱点，不责骂他的过失。他可以在她温暖的翅膀下、深邃的思想和慈悲的心肠中专心致志地绘画与写作。他为什么不这样做呢？这样他和玛尔雅娜的生计问题也有了着落。玛丽十分关心他的生计问题，她有能力维持他们的生活。她有她的学校，有稳定的收入，而自己又能写作、画画赚些小钱。他渴望将自己与玛丽的生活结合起来，他要娶她做自己的合法妻子。

纪伯伦想到这里，感到头皮发麻，他摇了摇头，眼前是一片蔚蓝而平静的大海，对面是无边无际的彼岸。几分钟前，他还在被生活的忧思桎梏，而现在他的心正与蔚蓝的大海随风起舞。他的想象力在延伸，仿佛看到了本来看不见的过去和将来，看到了一个事物的终结是另一个事物的开端，而全部开端又可以是全部终结。

对于纪伯伦来说，一切既没有开端，也没有终结。一切都是命运的安排，它在抚摸着他的头说："你是可爱的孩子。"

能飞得更高就不要在心里逗留

1910年10月末,客轮载着纪伯伦在纽约靠岸。他一下船就在码头看见了来接他的艾敏·雷哈尼,他在这位朋友的住所休息了一晚,并给玛丽写了一封短信:

亲爱的:

　　最亲爱的人,我现在身在纽约,我很想见到你,我的心已经溢满了对你的思念。

　　我现在很高兴,无忧无虑。明天傍晚我就能抵达波士顿,我思念着你,迫不及待地想见到你。啊!你现在与我近在咫尺。

哈利勒

第二天傍晚,纪伯伦一到波士顿,就直奔玛丽那里。玛丽热情地接待了他，纪伯伦一见到玛丽，就忍不住跟她分享在巴黎的一切。他把那些信中没有提到过的事情说给她听，讲他在巴黎见到的艺术大师们和大文豪们对自己说过的话，以及自己对他们的看法；讲他完成的和未完成的画；还有他参观过的城市、博物馆和艺术古迹。他拼命粉饰他的生活与工作，为他那些艰辛的日子披上了一层华丽的外衣。

而玛丽听在耳里，明在心上。她没有戳穿他，她明白哈利勒所说的每一字每一句，都代表着他的自尊心。在玛丽的眼中，纪伯伦是孤独的、脆弱的，他远离人群，在命运的手中奋力挣扎着。

纪伯伦险些顺势将求婚的话说出来，但他犹豫了，他怕了。在"守护神"的面前，他感觉到了自己的渺小，他告诉自己时机尚未到来。

那晚，他最终也没说出口，他将那句话和他少年时的经历一起为玛丽保留起来。

接下来的几天，纪伯伦十分想找到一个人倾诉，但这次他无法选择玛丽，他又不想给玛尔雅娜添加精神负担。就在他一腔的愁苦即将冲破他的心房时，艾敏·雷哈尼的来信让他看到了希望。

艾敏告诉他，他的肩膀已经康复，并邀请他有空去纽约相聚。纪伯伦突然想起，忘记给自己的好友写封信告诉他自己的近况了。于是，他写信给艾敏·雷哈尼：

艾敏兄：

这些日子里，我就像是一艘被飓风折断了风帆的船，在狂风暴雨中漂泊不定，时而前后移动，时而左右徘徊。因此，在今天之前我一直未给你写信。

直至今日，我还没有寻到一个可以让我的头依偎一下的地方，我仍身处一群死尸之中。就像那些亡魂时而出来仰望星空，然后又回到他们黑暗的坟墓中一样。那是一些活着而不成长，动着而不行走，张着口而不说话的尸体。

我不时地想到你，每当我遇到一只洁净的、值得听到你名字的耳朵时，我便会谈起你。当岁月的波涛将你我聚集到一个城市，你我一同站立在太阳下，将上帝寄存于我们灵魂中的东西向世界展示时，我会是多么幸福！愿岁月将那个理想化为现实。

兄弟，你有时间写信时，请再给我写信。你的长诗在杂志上发表时，请第一时间向我报喜，因为我想向波士顿的一些诗人朗诵它。代我向其他朋友问好，千万不要忘记你的兄弟和你的好友。

哈利勒

在接下来的日子里，纪伯伦继续在他的感情问题上挣扎，他还是不时地给玛丽写亲昵的信。而玛丽就佯装没有察觉，也亲昵地回信。

1911年初，纪伯伦经过了一个腊月的自我说服，终于决定向玛丽表白。

表白的时候，纪伯伦讲得十分含蓄："当我想画画时，画画是多么困难。亲爱的，因为你占据着我的心，你在我的心中。"

　　玛丽装作什么都不清楚，她只当纪伯伦想画画。于是，她让他为自己画一幅像。纪伯伦答应了，这是纪伯伦第三次当面为他爱的女人画像，只花了半个小时就完成了。纪伯伦很高兴，喜形于色，满面春风。玛丽对画像也满意，她的容貌被画得极为精神，内在的价值显而易见。但纪伯伦的表白又被搁置了。

　　时间过去了两个多月，纪伯伦一直写着含蓄的告白信，而玛丽还是没有回应。3月的一个傍晚，纪伯伦光临了玛丽的住所。这次他只是来聊天的，他要把他的少年时代坦露给玛丽。他向玛丽讲起，他小时候记得的第一件事，就是在庭院的小池子里，落水获救。那时他才2岁半。接着，他又讲起他的双亲，他父亲性格暴躁，庄重威严，而母亲温柔善良，宽厚仁慈。他更爱他的母亲。他的父亲常用严厉的词语训斥他，并且讨厌他写诗，他想让纪伯伦成为一名律师，而母亲则希望纪伯伦随自己的意愿努力。

　　然后，纪伯伦沉默了片刻，抬头望向天色渐暗的窗外。他为玛丽读了托尔斯泰写的一段关于爱情的话，玛丽的心灵受到了震撼，她追求真理，但很少听人对她诉说那样的语句。

　　她是爱纪伯伦的，他们的心灵是相通的，是没有隔阂的。可玛丽一想到结婚，却泪湿眼眶，她的年龄令她苦恼。她觉得纪伯伦的婚姻应该是辉煌事业的开始，她若嫁给他，会让他安于现状，不思进取。

　　纪伯伦缺少的不是婚姻，而是梦想中的爱情。玛丽觉得纪伯伦缺少的这种爱情，女主角不应该是自己，为了纪伯伦的未来，无论

她自己多么痛苦,都不能与他结婚,就如她在日记里所写的:

> 这种爱情的女主角不是我,而是另外一个女人——这是必然之事——无论我的损失多大,我都不会背叛那个不知名者,因为我深深怜惜纪伯伦的天赋并期盼他的未来荣光。

就这样,玛丽决定拒绝纪伯伦的求婚。她在1911年4月的日记中,记录了那个令他们悲伤的日子:

> 他今天一到我这里,我开口便说:"我有话要说。"
> 我沉默了片刻,然后说:"我的心背叛了我的口,我的心责备我的头脑。不过真理最终会获胜。"
> 我接着说:"你多美,我多丑啊!倘若我流出热泪,你可不要在意……昨夜我哭了一场。"
> 他焦急地提高声调:"你哭了……你哭了……你哭了……"随之,把我的手贴在他的胸膛上。
> 我说:"我决不考虑结婚的事,哪怕我的内心多么地想结婚。"
> 他目瞪口呆,我张口结舌……我不知道该怎么办……但我紧接着说:
> "我不属于你……我爱你,但我纯真的爱不允许我毁了你的前程。"

是的，我的年龄比他大，他还有很长的岁月，天命向他伸出了双臂。

纪伯伦哽咽了，接着失声痛哭。我把手帕递给他，他擦着自己的眼泪，喃喃地说：

"一句话……我爱你！"

他扑到我的怀里。我一阵微醉后捧起他的手掌亲吻，我的泪水打湿了他的手掌——他的手是一颗跳动的心脏！

我感到平安，光明照亮了我的天际。我立即热情地回答他：

"谢谢你，我的主人！"

我多么幸福……我做出了牺牲，然而这牺牲使我们更亲近了。

那天以后，纪伯伦花了很长时间愈合了"伤口"。他以为一切都结束了，直到有一天，他收到了玛丽寄来的一封信，里面装着75美元的支票。信中她用着和从前一样的语调，就像是什么都没发生过一样。于是，纪伯伦也用和从前一样的语调回了信。他们又回到了从前，在信中你侬我侬的时光。就像玛丽所说的那样，他们并没有就此决裂，而是变得更亲近了。

握着折断的翅膀继续前行

纪伯伦从巴黎回来已有一年时间,在波士顿虽然有玛丽,有玛尔雅娜,可他过得并不开心,觉得想象力受到了限制。于是,就在与玛丽重新成为朋友的一周后,他决定离开波士顿,前往纽约。

在开往纽约的列车上,他的耳畔响着玛尔雅娜的哭声,他的双眼饱含泪水。心怀着玛丽的爱与祝福,口袋里带着玛丽的资助。旅行包里放着《折断的翅膀》的原稿,还有尼采的《查拉图斯特拉如是说》。

纽约有一个破旧的平民区叫"格林威治村",那里被形形色色的艺术家"占领"着。在那里可以发现天才般的诗人和拙劣的诗人,也可以发现能从手指中流出曲调的天才般音乐家和绞尽脑汁也弄不出半个声调的冒牌音乐家。

纪伯伦初到纽约的住处,就在格林威治村西10街51号。那是一座旧红砖房,他把它当作工作室和宿舍。

5月初,纪伯伦从外面回到他的小屋,发现了玛丽寄来的信:

哈利勒:

一切的东西都是那样美……我翻看了你的宝贝,将其中一部分挂在了墙上。

《痛苦的喷泉》,我将它挂在了"玛丽之地"。它像一朵浪花一样起伏。

……

《痛苦的心》,我将它挂在了门口附近,因为它色彩斑斓多变。

请把一切都说出来,千万不要留下一句话。

把你心中的一切全部喷吐出来,因为你口里的甜滋唾滴都是香醇美酒。

玛丽

玛丽的话语中,透着对纪伯伦深深的爱与关怀。

纪伯伦看着玛丽那几行细腻的文字微笑着,他点燃了一根雪茄,伏案提笔,为他的好友兼伴侣回信:

亲爱的玛丽:

我漫无目的地徘徊在大都市的马路上,影子紧跟着我。我用千只眼睛观看,用千只耳朵聆听,从白天直到黑夜。当我原路折回我的房间时，我发现了更多我要注视之物和更多我要细听之声。

人在纽约是没有休闲可言的，我不禁怀疑，难道我来到大都市是为了寻找休闲？

……

知道你正在潜心精读《查拉图斯特拉如是说》，我非常高兴，我想和你一起通过英文读这本巨著……尼采是迪奥尼斯的化身。那位巡游于丛林间的"超人"本是一个万能的实体，他喜欢音乐、舞蹈和享受。

……

你为何还要寄钱给我？我的钱足够用了，你已经给了我很多。

愿上帝守护你的慷慨之手！亲爱的，祝你有个愉快的夜晚。

如果你也在这儿，我该是多么快乐！

哈利勒

那段时间，纪伯伦沉溺于尼采的"超人哲学"中，他几乎忘了自己从前记得的大艺术家们和大诗人们。他写给朋友的信中总是提到尼采，像个书商一样向朋友们推荐尼采的著作。

纪伯伦在纽约住下不久，认识了一位叫艾迪乐·瓦特桑的姑娘，她很欣赏纪伯伦的绘画和艺术修养。于是，醉心于尼采的纪伯伦就写信劝她读一读《查拉图斯特拉如是说》：

第四章　漂泊的心：巴黎时光喜忧参半

亲爱的瓦特桑小姐：

　　正如上次交谈中我所提到的，尼采是个"巨人"，真的是个"巨人"。每当你阅读他的作品时，都会增加对他的喜爱。在现在这个时代的精神中，他更活跃，更富于自由精神。他的著作将会永远传阅于世，而在今天，我们就已经认为它们是伟大的。我希望你在有空的时候，阅读《查拉图斯特拉如是说》，因为在我看来，这本书是我所知道的所有著作中最伟大的一部。

　　欢迎你近日到我这里来，我们一起谈谈尼采。

哈利勒·纪伯伦

纪伯伦与尼采的精神世界越亲近，越能感到比以往更难以忍受的孤独。无论走到哪里，纪伯伦都能感到这种孤独围绕着他。在尼采的压力之下，他甚至对自己曾经的文学和绘画作品都羞于一看。甚至当他完成了新小说《折断的翅膀》，把它交给出版社时，他竟然改变主意不出版它了。纪伯伦觉得他自己的一切在尼采的面前都会被嘲笑。

但是《折断的翅膀》还是牵动着纪伯伦的心，因为他在这本书里谈了自己对爱情的理解。他在字里行间，用言辞、旋律和音节，有力地描绘了寄托深远的想象。他舍不得把这些文字埋葬在摇篮里，因为他在阿拉伯语文坛上的成就和影响还没有达到更高的地位，这部新小说可能会为自己带来一个新的胜利，它在阿拉伯语世界中会是一块璀璨的宝石，它将终结他的不幸与痛苦。于是，在1911年的秋天，纪伯伦决定重写《折断的翅膀》，他要为它穿上一层新衣，把它变得更完美。

纪伯伦在5月刚刚搬到艾敏·雷哈尼的旧房子，但他觉得自己需要一个更清净的地方潜心创作，于是便离开那儿，搬到了郊区一个月租金20美元的小房子里。这所小房子里有一个阳台，而且光线充足，空气流通，很像在巴黎时的住所，他甚是满意。他知道玛丽一定希望他租一间更大的房子，但他已经知足了。他有玛丽每个月75美元的"救济金"，但他不愿肆意挥霍。他明白那不是靠自己的劳动所得来的，那是一种恩惠，即使玛丽不愿意接受，他自己也要回报的。

在接下来的一个月里，纪伯伦工作不断，活动不断。《折断的翅膀》终于改定结稿。这期间纪伯伦接待了一些叙利亚人，他向他们解释，意大利向土耳其的宣战，既不是宗教之战，也不是"十字军"战争，而是赤裸裸的吞并。

11月末，纪伯伦收到玛丽来信，她说要去纽约看望他。纪伯伦无比兴奋。在被玛丽拒绝了求婚，过了一段忙碌的生活后，纪伯伦已经完全释然了。他觉得自己放下了一个沉重的包袱，现在，他可以毫无遮掩地在信中向玛丽示爱，不用再像从前那样委婉：

玛丽，玛丽：

真正感谢的日子就要到来了！那是你来的日子，你赶往我这里的日子，我见到你的日子。

莎鲁特（艾敏·雷哈尼的女友）说你要来，我没敢问你，害怕你说"不"。

星期四就要到来，我真心喜欢的一切将要到来……

这将使我忙一阵子，我要整理房间……这房间是我的头脑……我要管理我的思绪……清除旧的灵魂……

每一分每一秒，我都爱着你，我现在深深感到每个周四和周五的甜美。我们相互斟满爱的杯盏，彼此交流情感，我们的思绪跳跃前进。人，只有在远离时才能看见大的东西。

嘿！我有千丝万缕的思念和千言万语想对你诉说。不过，星期四在即，星期四的乐趣已开始挑逗我的感官。

哈利勒

纪伯伦和玛丽的感情，永久地停留在了恋爱的阶段。他们进行着一场不谈婚姻的爱情，甚至，纪伯伦已经混淆了爱情和友情，混淆了彼此之间的关系。他们只知道彼此珍爱着，就足够了。

第五章
半梦半醒：分不清的喜悦与忧愁

旧时光的泪与笑

1912年1月6日，纪伯伦29岁生日这天，他起得很早，仿佛又回到在巴黎的那段时光。他坐在写字桌前，四周一片寂静，他想写信给玛丽却不知如何起笔。他沉溺在寂静当中，脑海中浮现出三个女人，他爱过的三个女人。他突然起身走到画板前，于是，一幅名为"三个女人"的画在两个小时后，来到了这个世界上。

第二天，艾敏·雷哈尼约纪伯伦一起用了晚餐，他告诉纪伯伦，他和莎鲁特分开了，他们观察世界的目光和基点不同，各自独立。但雷哈尼说，他会去看她。她的门也会永远对他敞开着，什么时候想去都行。

听完雷哈尼的话，纪伯伦心中暗想，这两个人都是自我的织物，两人之间的联系必然会增强。因为他与玛丽就是一个很好的例子，但却又不同于雷哈尼与莎鲁特。纪伯伦觉得他与玛丽的关系是一种微妙的亲密关系，是世界上独一无二的。

第五章　半梦半醒：分不清的喜悦与忧愁

　　1月下旬，纪伯伦的阿拉伯文小说《折断的翅膀》正式出版。它受到阿拉伯语世界的欢迎。这本书的形式新颖，带着些叹息，加之细腻的笔触和优美的旋律，叫人心驰神往。纪伯伦对此感到兴奋和惊奇，同时也感到孤独，他觉得所有人只是在为这本书的外表鼓掌，对于它的内核却一无所知。他希望出现一个可以了解自己灵魂的人，能理解自己的所言所行。他继续孤独地生活着，等待着孤独地死去。而能拯救他的，只有玛丽，他最先与玛丽分享了这个消息：

我亲爱的玛丽：

　　《折断的翅膀》终于出版了。送给你一本阿拉伯文版本的，你现在还读不太懂它。

　　谁知道呢？也许有一天，你会读懂它，也许会喜欢它，因为它是对吉庆的1911年的忠实表达。

　　玛丽，你问我，究竟是什么占去了我的时间？

　　我在孤独中工作……工作，工作，还是工作，宁静为我带上枷锁，沉默包裹着我的工作。

　　玛丽，你问我，胸中激荡着什么？

　　你是要问什么使我为之激荡吗？也许不是……我要说——那是钟爱！上帝让我得到了所求。

　　我很少去见别人，与他人在一起，我感到烦恼，即使他们都是忠实的挚友。当一颗心转向一个小天地时，便要求孤独，仿佛上帝只把孤独赐予了他，而没有给别人。

哈利勒

纪伯伦与玛丽的每一封通信，都像是一首优美的散文情诗。他在不断地表白着，即使知道玛丽不会回应，即使知道他们的爱情只能停留在恋爱的阶段。纪伯伦的心就像是一只孤舟，玛丽是一个可靠的港湾，无论他在生活的河流中，遇到怎样的大风大浪，他都有巢可归。

《折断的翅膀》出版后不久，《艺术》杂志主编纳西布·阿里德就写信给纪伯伦，要他把《泪与笑》的文章收集起来编辑成书。纪伯伦用一句二重韵脚诗回复了他：

在赞美、诉苦和痛苦之间，我生活的那一个时代早已消散。

然后他又接着写道：

写《泪与笑》的青年已经死去，他已被埋葬在梦的山谷里，为什么你们要掘他的墓碑？你们可以随意去做，但是你们不要忘了，那个青年的灵魂已经转生到一个成年人的躯体中，这位成年人喜欢雄心和才华，爱慕雅致和美，他喜欢建设又喜欢破坏，他同时兼为人们的朋友和敌人。

纪伯伦在回信中描绘了自己的蜕变，他已是一个成年人，喜欢雄心和才华，爱慕雅致和美，喜欢破坏又喜欢建设。他在了解了尼采之后，便更加厌世，更喜欢对世人进行讥讽，搅得他们心神不宁，对他们的痛苦幸灾乐祸。

在接下来的日子里，纪伯伦开始不断地收到读者的来信，其中有赞扬也有指责。纪伯伦读过那些信后，发现人们毫无例外地用一般方法评说这本小说。大多数人一致认为它是一部全新的作品，是已出版的阿拉伯语文学作品中的最佳作品。读者来信中有一位热情洋溢的年轻人称赞说："歌德和巴尔扎克是两座高峰，《折断的翅膀》是一个新的开拓。"

正如"一千个读者心中，有一千个汉姆雷特"一样。一千个读者心中，也有一千个赛勒玛·凯拉迈。对于这个人物，有的人站在温柔同情的立场上，有的人站在极其严厉的立场上；无论是前者还是后者，都证明了纪伯伦塑造的这个人物是成功的。

做自己的掘墓人

纪伯伦继续在纽约炎热的夏日里忙碌着他认为应该忙的事情。一天外出归来,他收到了艾敏·雷哈尼的来信。信上说他将在6月底离开纽约去黎巴嫩,去那儿了解一下巴尔干半岛的情况。

纪伯伦又回忆起那个神圣而美丽的地方,他一直挂念着故乡,虽然那里已经没有任何亲人,但是依然有他留下的不可磨灭的回忆。他爱那里的巨岩和山谷,讨厌那里的神父和统治者。他十分想与其同行,但是自己现在已经不是个闲人,他还要工作,还得忙碌。

也许,诗人注定是孤独的,纪伯伦在纽约的朋友都相继离开了,自己留在了这个远离故乡,仿佛流放之地一般的城市。那晚,他再度失眠,只得起身去将脑中的杂念倾倒在稿纸上:

在布满骷髅骸骨的地方,在雾色迷茫、群星退隐、充满恐惧的寂静夜晚,我形单影只,踽踽独行。

那边,在斗折蛇行,像罪人之梦一般流淌的血泪河畔,我停下脚步,倾听着幽灵的私语,凝视着子虚乌有。

夜半,幽灵成群结队走出他们的巢穴。我听见他的脚步声越来越近,转头望去,一个高大可怕的身影出现在面前,我大吃一惊,连忙高声喝问:"你想要什么?"

他目光熠熠,犹如灯烛,看着我,然后用平静的声调回答:"我不要什么——我要的是一切。"

……

我说:"我信仰上帝,尊重他的天使,热爱德行,希冀着未来。"

他说:"这些不过是祖祖辈辈编排好的陈词滥调,而今又借来置于你的唇齿之间。要讲唯一的真理,那就是:除了自己,不要信仰别的;除了自己,不要尊重别的;除了自己的所爱,不要爱好别的;除了自己的永恒,不要希冀别的。自古以来,人类就崇拜自己,但只是心性和信念不同,他们给自己起了各式各样的名字,有时把自己称作'太阳神',有时把自己称作'宙斯',有时又把自己称作'上帝'。"

……

他渐渐从我的视线中逝去,消失在茫茫黑暗中,抛下我惶惶然不知如何是好。此时此刻,我对他,对自己都感到迷惑不解。

当我移步离开这个地方时，仍能听到他的声音在巍巍群山间回响……

自那时起直到如今，我一直在挖掘坟墓，埋葬死人，只是死人实在太多，而我却形单影只，没有谁来相助。

纪伯伦将其命名为"掘墓人"，这篇文章开启了他的"新时代"。他否定了"神"，肯定了自己。如果叫醒沉睡的尼采，恳请他用这篇文章作为《查拉图斯特拉如是说》的附录，他绝不会拒绝。纪伯伦用最忠实的语言表达出他的思想。那些文字描绘了仿佛用残骸和骷髅铺垫的现实所幻化的影子，投生在喜欢雄心和才华的纪伯伦的躯体中。它们挖苦那个时而赞美、时而诉苦、时而痛苦的纪伯伦，它们劝他丢下这吟诗作文的职业。但是他把那些世俗的人视为死人，只认为自己是活人，他要埋葬一切世俗的看法，并在世俗的坟墓上树起自己的丰碑。

纪伯伦已经深深地被尼采迷住，成了和他一样的"疯人"。他看到自己像一个站立在讲台上的人，阿拉伯新闻界像是一个传声筒一样，将他的声音传到了阿拉伯地区和所有侨民居住地。但他的才华所能撑起的成就难道只能享誉阿拉伯地区吗？他开始对他的民族感到自卑，开始对自己的故乡卜舍里坐落在黎巴嫩这个小地方而感到害羞，他觉得自己应该出生在一个笼罩着神秘，并披着迷人的外衣的国度。所以他在给《艺术》杂志主编纳西布·阿里德的个人经历材料上，说他出生在印度孟买。就这样，纪伯伦的资料在《艺术》杂志上加上括号刊出了："纪伯伦，1883年出生于黎巴嫩卜舍里（一说是在印度孟买）。"这份加了括号的资料被出版者照搬到了《珍趣篇》一书中。此外，书中还附上了一句话："纪伯伦获得法国艺术系特别文凭，被任命为法国艺术协会会员。他还获得了英国美术家协会荣誉成员称号。"

可实际上，纪伯伦没有获得其中的任何一项荣誉，只是他渴望获得而已。他虚构了自己的荣誉，但并不是爱慕虚荣，而是他怨恨那些只认同荣誉的世俗之人，嫌恶他们的软弱、奴性和死守传统。纪伯伦憎恨他们，他们给予他自认为应受的崇敬，他们没有用他自认为应该被赞扬的方式去赞扬他。他的痛苦源于内心的琐事，这些琐事无丝毫甜蜜之感。他的痛苦与尼采的痛苦相差甚远。

来自海对岸的一封信

纪伯伦收到的众多读者来信中，其中有一封是与众不同的。它来自大洋彼岸的埃及，是一封开启纪伯伦另一条人生支脉的来信，寄信人的名字叫梅娅·齐雅黛，是一位在埃及工作的黎巴嫩女作家。

她细细地读过了《折断的翅膀》，她告诉纪伯伦，她在婚姻问题上有不同于他的见解：

纪伯伦，我们在婚姻问题上的见解是不同的。我尊重你的思想，也尊重你的原则，因为我知道你在忠诚地巩固和维护你的思想和原则。我同意你关于妇女自由的基本原则。妇女应该像男子一样成为绝对自由的人，自由地从小伙子中选择自己的丈夫，完全依从自己的爱好和意愿……女人为什么不能背着自己的丈夫与自己所爱的人幽会呢？因为这种幽会不论怎样纯洁，那也是对她的丈夫的背叛，是对她已经完全接受的那个名字的背叛，是对她作为行动一方的那个社会机制的背叛。

在婚姻中，妇女总是被用忠诚与否来衡量。在婚姻中，灵魂上的忠诚与肉体上的忠诚同样重要，它保证妻子能给丈夫以幸福。因此，她偷偷地与另一个男人幽会，便被视为对社会、家庭和义务的犯罪。也许你不同意这种看法，会说"义务"这个词的含义不清，在许多情况下其含义难以界定。因此，我们应该弄明白什么是家庭，才会知道家庭中的每个成员的义务。女人在家庭中是最难、最苦、最卑微的角色。

……如果允许故事中的女主人公赛勒玛·凯拉迈及情感、品德、智慧与其相仿的每一个女子，都去与自己的一位心灵高尚的男友幽会，那么，对于每一个未得到姑娘时代梦想中的白马王子的女子来说，是否都应该选择一个婚外男友呢？……

纪伯伦被这个女作家铿锵有力的陈词震撼，他竟找不出理由反驳她。纪伯伦很想认识这位有才华的女性，他以佩服的口吻回了信，表示愿意与她交友。梅娅收到回信，很高兴纪伯伦不是一位经不得挑剔的小气作家。她回信告诉纪伯伦，她只和能使自己高兴的人交谈。她没有老师，如果非要说一个，那就是她自己的梦幻与静思。她只读她喜欢的书，她觉得纪伯伦的每一篇文章都可以让他们成为好友。在许多问题上，她都是纪伯伦思想上的小学生。

这就是他们"书信人生"的起点，而这条人生的支线却是模糊不清的，以至于在多年以后，他们也不清楚这到底是一份怎样的感情。

1912年5月，纪伯伦决定回波士顿看望玛丽和玛尔雅娜。回到波士顿这座熟悉又陌生的城市，回到那个曾经一家人在一起生活的房子，纪伯伦泪湿眼眶。如今，这里只剩下玛尔雅娜一人，他后悔当初那么冲动地抛下妹妹去了纽约。玛尔雅娜对他说自己过得很好，和邻居们就像一家人一样，工作也很轻松，还结识了几个朋友。纪伯伦回到自己和哥哥住过的房间，发现它十分干净整洁，一如当初。仿佛布特罗斯还在，母亲还在。

纪伯伦第二天才去拜访玛丽，玛丽亲自下厨准备了晚饭。饭后，他们一起读了几页《查拉图斯特拉如是说》，纪伯伦突然感到有些头痛，便回去休息了。

纪伯伦只在波士顿停留了一周便返回纽约，而玛丽去了大陆西部的加利福尼亚。而此时，在大洋彼岸的故乡正遭受着战火的侵袭。巴尔干半岛的四个国家——保加利亚、塞尔维亚、希腊和黑山再也无法忍受土耳其的政治压迫和宗教迫害，对其宣战。纪伯伦得知此消息后，公开发表了对抗土耳其统治、进行革命和解放斗争的言论。

6月，纪伯伦在纽约给叙利亚妇女俱乐部做演讲，谈巴尔干战争实质，诅咒奥斯曼帝国，希望它被消灭。诗人参与政治是很大的忌讳，有时可能会招来杀身之祸。但纪伯伦是一个有"叛逆的灵魂"的人，他除了感情之外无所畏惧。

8月，纪伯伦收到玛丽从加利福尼亚寄来的信：

哈利勒：

　　今天，我就要离开加利福尼亚。你那令人兴奋的愿望，使我整个夏天都感到疑虑。加利福尼亚，它的意思是"夏天"。如果时间对你来说合适，我希望9月8日或9日见到你。其次，如若可能，我劝你到宽广的西部地区住上一年时间，以代替在纽约的生活。因为激烈的战斗不利于你的身体和健康，将延误你的事业，挫损你的锐气。毫无疑问，在那里生活一年将会产生良好的影响。

　　我强烈希望你能慨然接受我的意见。我说过类似的许多话，不想再写了。尽管如此，我讨厌你对此感到意外。

　　维持现状意味着空耗你的努力和生命。请尽快回信。请接受我的爱和祝福。

玛丽

　　5月还在波士顿时，玛丽就发现纪伯伦的身体状况欠佳，她曾劝他去看看医生，但纪伯伦固执地说没有任何不适。纪伯伦虽然认同玛丽信上所说的，但他并没有接受玛丽的意见，他觉得还有很多事要做，实在无法脱身。他回信向玛丽道歉，这次他不能听她的话。他有自己的想法，请求玛丽原谅他的偏执。玛丽收到回信后气恼得很，但她没有强求纪伯伦，她知道那样也是徒劳，所以只能尊重他的选择。

但纪伯伦最终还是病倒了，无奈之下去看了医生。得知消息的玛丽焦急万分，但由于工作安排，她无法去纽约探望他，这更加使她"急上加急"。她去信询问医生都做了什么？做了康复治疗了吗？恢复健康了吗？她埋怨他的固执，质问他与日争辉得到了什么，还要继续吗？在一番发狠的埋怨过后，便是温柔的安慰：

哈利勒：

强壮些……再强壮些。

在你灵魂的深处，生命的本身便产生永恒。让我接近你那漫游在无边沙漠的灵魂吧！我要效仿你，或者以你为向导，在你的织机上劳作。我痛切地感到，我心灵中的任何东西，只有饱吸从你的想象力和感触中散发出来的甜津，才能成长壮大。

你感觉到秋天瑟瑟抖动了吗？你喜欢像我一样被爱情的寒冷蒙羞着的那种蒙羞吗？

玛丽

玛丽的这封信给纪伯伦的生活记下了新的一页，他感到意外，好像玛丽在他的心里点燃了一把火，引发了他们与世界的战争。但纪伯伦坚信他们会是最终的胜利者。就像他在回信中所说："我用灵魂中所有的声音说出这话，一个月前，我还没有能力这样说。我不是梦幻家，那个阶段已经过去。梦幻世界是美丽的，然而梦幻世界的后面有一个无始无终的永恒地域。"

玛丽的每一封信，都是浇灌纪伯伦生命的水，他需要它们来滋润生命，保持活力。而现在他又多了另一个"水源"——梅娅·齐雅黛。他们的通信渐渐变得频繁，开始无话不谈。

　　而后，纪伯伦在法国认识的老作家皮埃尔·洛蒂来访，他与这位62岁的作家谈论了《诱人的东方》和自己的《折断的翅膀》。皮埃尔一直关注着纪伯伦，读过他的所有文章，他告诉纪伯伦，《折断的翅膀》相比之前的作品多了些野性，少了些东方性。

　　这年的冬天就在频繁的通信与社交中倏忽而过。

自由的风徘徊在灯塔尖上

1913年初，纪伯伦看中了同楼的一所大房间，是他现在所居住的屋子的三倍大，但租金要45美元。他一时拿不定主意，便写信给玛丽，想着哪怕只是得到几句劝告，让自己打消念头也好。

而玛丽的答复是："不要失去机会，拿下大房间。不要犹豫。"玛丽也考虑到纪伯伦的经济能力，便建议纪伯伦用他的画换些钱，她愿意出钱买下那些画。她让纪伯伦尝试为画作价，她愿意加付1000美元收藏这些画，认为画将会日渐增值，这便是画的价值规律。

在玛丽的资助之下，纪伯伦租下了那所大房间。而后他挑选了《让我们一同奋起》《种子》《眺望者》《堆放的蔷薇》《沙漠的心脏》等十幅画赠予玛丽，将它们作为她的藏画的一部分。他告诉玛丽，这些画都是属于她的，他不会卖给别人，因为它们是他的心灵所创造的，而他的心灵只属于玛丽。但纪伯伦也希望他的画会升值，因为那是一种荣誉。他希望看到自己的几十幅画装饰着坐落于某个大城市的一座大厅的墙壁，人们三五成群地到那里去欣赏，并交口称赞。

艺术家会死去，而在艺术家辞世后，他们的画作会大大升值，这是件悲哀的事情。为什么他们在活着的时候得不到肯定？罪魁祸首是那些拍卖商对金钱的欲望，是人的贪欲让大多数艺术家一生穷困潦倒。但纪伯伦是个"不幸的幸运儿"，他有玛丽，有可靠的守护者。虽然他是个偏执的人，但他告诉玛丽："我将按照你的意愿行事。"于是，纪伯伦开始学习营销心理学的一些知识，可这对纪伯伦来说确实很有难度。

4月，纪伯伦得到了玛丽帮他入股的一家电信公司的第一笔分红。他立即写信给玛丽，告诉她这个让他兴奋的消息，并汇报了自己在营销心理学方面的学习情况：

亲爱的玛丽：

应该对营销心理学方面进行简化。假若所有买主都是绘画爱好者，那么，这一点是能够实现的。但是困难在于买画的人既不是爱好者，也不懂画，而那些顺从上帝意愿转化成爱好者的人，却没有能力买画。

今天，我收到了电信公司分配的红利清单。生平中，我第一次发现自己成了股东。事情是蹊跷的，只有独自占据我们心的上帝才晓得我在诸如此类事情中的立场。

我将放弃明天，我要去占据……我要换一个房间……

> 我希望孤独宁静……在原来的房间里度过了一段充满回忆、洋溢芬芳的日子。我感到失去了它，我会思念它。旧物里总是有温馨生活的痕迹。
>
> 哈利勒

5月，纪伯伦在一个剧场见到了女歌剧演员萨莱·布朗哈德。他们攀谈了一会儿，萨莱颇有兴致地和纪伯伦讲她到过叙利亚和埃及，她的母亲精通阿拉伯语。当纪伯伦请求为她画一幅画像时，她微微一笑说，她今天有些事情，无法答应他的请求。但是她答应让纪伯伦下周过来，也许她会有空。

纪伯伦觉得还是有希望的，于是便等到一周后，又造访萨莱演出的剧场。这次他如愿以偿。萨莱在配合画像时，要求纪伯伦离她远一点儿，以便看不见皱纹，又苦苦哀求他把她的嘴画小一点。纪伯伦都照做了。那幅画像改了很多次，萨莱才满意。虽然画像歪曲了事实，但纪伯伦还是成功的，他使她得到了昔日的青春与美丽。纪伯伦在写给玛丽的信上说："萨莱啊，要让她满意是困难的，理解她是困难的，选择她作为朋友更困难！她性格尖刻，心喜奉承——想让人们像侍奉女王那样侍奉她，不服从者自然该死。"

纪伯伦在忙着创作的同时，也一直在关注着叙利亚自治的问题。6月的时候，30多位叙利亚自治拥护者将在巴黎举行会议，讨论政权事宜以及他们期望从独立自治中得到什么。纪伯伦和另一名在纽约的代表迪亚卜收到了邀请函，但纪伯伦没有接受邀请，他觉得自己与叙利亚委员会讨论之后，在任何事情上都无法达成协议，他们与他所设想的相差甚远。

虽然费用全部由他们出，但他们只是要求纪伯伦替他们说话，表达他们的想法。既然道不同则不相为谋，纪伯伦只能拒绝参与。

8月，纪伯伦与玛丽再次相聚在纽约。刚一见面，纪伯伦就打量起玛丽："你的皮肤是棕色的！你丰满起来了！你变得水灵了！我看你从来没有这样漂亮过！"

纪伯伦拿出他这段时间的作品给玛丽欣赏，玛丽发现他又写了很多东西，"疯人"的话在增多。纪伯伦用英语和阿拉伯语为玛丽朗读了《自尽者的内心独白》和《掘墓人日记》。读罢，他微笑着对玛丽说："你知道在叙利亚他们把我称作'掘墓人'吗？"

中午，两人在街上寻觅餐厅时，看见一大群工人疯狂地拥向餐厅，纪伯伦告诉玛丽，那是奴性游行……富人之所以是富人，因为其用钱掌握着工人的命脉……还控制着生育权。因为女工不生孩子……资方应该慷慨。工人不是奴隶……人是性欲的奴隶……性欲占了上风，孩子便被创造出来。

走了一段路后，纪伯伦又高声说，他希望杀死一部分人，免得生出类似品种、素质的后代。

玛丽笑着问他："你去杀死他们行吗？"

纪伯伦回答，他非常高兴为之！玛丽又问他杀过什么，纪伯伦说，他打过猎，杀过鸡，宰过羊……

这样一个见不得血的人，却能说出如此疯狂的笑话。玛丽明白，这就是纪伯伦从尼采那里得来的东西——一种自由的疯狂，就像是在海边的灯塔尖上徘徊的风一般，狂放而自由。

玛丽离开纽约一个月后，纪伯伦患了流感，这次他不再逞强，他停止了工作，但却没有停止思考。他反复思考自己的新书《疯人》中，那段已经构思好了的文字：

你问我是怎样变为疯子的，事情是这样发生的：在许多神灵远未诞生之前，一天，我从沉睡中醒来，发现我的所有面具都被盗走——那是我铸制的，并在七段人生中戴过的七个面具。

——我没戴面具，赤裸着脸奔跑着穿过拥挤的街道，喊着："窃贼！窃贼！被诅咒的窃贼！"男人和女人都在笑我，也有人因害怕我而躲入屋中。

当我跑到集市时，一个青年站在屋顶高喊："这是个疯子！"我抬头向他望去，此时，阳光第一次吻了我裸露的脸庞。这是破天荒的一次，阳光亲吻我裸露的面颊，我的心灵燃起了对太阳的爱。我不再需要那些面具了。我在迷离恍惚中喊出："有福了！有福了！那偷去我面具的窃贼有福了！"

就这样，我变成了疯子。

在癫狂中我发现了自由和安宁：由孤独而来的自由，由不被人了解而来的安宁；因为那些了解我们的人，在某方面奴役我们。

不过，我还是不要为自己的安宁而过于自得吧，因为甚至那些监牢中的强盗，也享受着安宁，不用提防其他强盗呢。

这场流感困扰了纪伯伦大半个月，起初，他缩短了每天的工作时间，后来，不得不去了疗养院。病愈后，他的新书开始装订。出版方建议他推迟上市时间，为即将出版的《泪与笑》一书让出销售空间。不久后，《泪与笑》问世，这本书的前言中，引用纪伯伦的话，说他生命中诉怨、哀叹的一个时期已经结束。

第六章
偶遇知音：窗外的战火与窗内的诗人

一双温暖的手将他捧向高台

1913年整个冬天,纪伯伦都没有收到梅娅·齐雅黛的来信。他开始担忧她的情况,因为那里最近并不太平,战事频繁。

于是,1914年初,他便给梅娅·齐雅黛寄去一封信,问她的情况:

杰出的女文学家阁下:

在这几个月里,既无来信,又无回音,我想到很多事情。但是我从没想过你是"坏女孩"。至于现在,你则已对我明说,你的灵魂里存在着恶的倾向,我只有相信你了。

我相信你对我所说的每一句话!你当然为你的话感到自豪——我是坏女孩儿——你应该感到自豪。因为恶是一种力量……但无论你怎样恶,也绝达不到我的半恶……

但是,直到现在我也没明白使你用恶来对付我的真正原因，你能惠告我一声吗？……

我们都明白了对方灵魂里恶的报复倾向，还是让我们继续两年前开始的谈话吧。

你怎么样？你好吗？你的身体健康吗？你在去年夏天另一只胳膊又脱臼了，还是你母亲不让你骑马，于是两臂健全地回到了埃及呢？

……

你对《艺术》杂志的赞美令我甚为高兴……我的朋友艾敏·雷哈尼已开始在《艺术》杂志上连载他的一部新长篇小说。

……

你读过凯尔拉·海尔拉用法文写的那本书吗？一位朋友告诉我，书中有一章写到你，还有一章写到我。你如果有两本，请惠寄给我一本，上帝会报答你的恩情。

已是夜半时分，上帝祝你晚安，并为忠诚的朋友护佑你。

哈利勒·纪伯伦

这是两人在第一次世界大战前的最后一封通信，此后由于通信不便，他们中断了几年联系。

那年2月，纪伯伦迎来了他人生中辉煌的一刻。在玛丽的帮助下，他在蒙特鲁斯大厅举行了个人画展，展出75幅作品。这次展出不再像10年前那样凄惨落幕，而是大获成功。纪伯伦获得了众人的肯定，并且其中6幅画卖出了6400美元的高价。玛丽用这笔钱帮他投资了实业，让他多一些经济来源。

不久后，《新月》《闪电》《西方明镜》等杂志均刊登了他的作品。更令他惊喜的是，他收到了新月杂志社的经营者，负责经营出版业务的依米勒·泽丹的约稿信，纪伯伦觉得这是一次难得的机会，他决定要在阿拉伯文坛上刮起一阵暴风。

纪伯伦在回信中告诉依米勒·泽丹，他过去和将来著书的第一个目的是写一些能够滋养心灵和有利于认识神魂的东西。如果那里有物质利益，那么他想成为最后一个而不是第一个取利的人。即使他想做最后一个取利者，也是一种形式的自私。他觉得自己仍然是站在路边的人，他在写作和绘画中度过了近20年，但那只不过是准备和立志的时期。他还没有做出过值得留存在太阳面前的事情，他的思想尚未结出成熟的果实。

1915年初，纪伯伦在报纸上得知，无情的战火正让他故乡的人民挨饿受苦。那时，恰逢一些叙利亚侨民革命者身在美国。纪伯伦与他们聚集在一起，商讨后成立了叙利亚难民救济委员会，他通过演讲、著文对处于饥荒中的祖国人民表示同情，并呼吁通过美国帮助，实现运送救济粮的计划。

在2月很冷的一天，纪伯伦去拜访曾参观过他的画展，给予他很高评价的老画家莱德尔。这位老画家是个很奇怪的人，他并不缺钱，但却住在一条破旧的街上，过着贫穷困苦的生活。同为搞艺术之人的纪伯伦却能理解，觉得那是莱德尔自己的选择，他超越了自己的梦想。

第六章 偶遇知音：窗外的战火与窗内的诗人

纪伯伦在那个简陋的房间里，给这位奇异的老人读了为他写的一首诗。莱德尔听完后，感动得眼泪汪汪，连声称赞"好诗"，并说自己配不上它。以至于在纪伯伦请求为他画像时，他毫不犹豫地答应了。

3月，纪伯伦参加了全美诗歌协会举办的一个诗会，他在会上朗读了《疯人》中的两首长诗。之后，在场的人开始了激烈的研讨。纪伯伦得到了赞美，也得到了批评。但总体上纪伯伦很气恼，尤其是不懂文学的鲁滨逊夫人就《我与我的灵魂走向大海》给出的评价：

"这是毁灭性的语言，系魔鬼所作之词，我们不该鼓励这种文风。因为它扭曲价值，颠倒道德标准，把人类降到了最低等。"

这段评价让纪伯伦差点儿掀翻面前的桌子，他气恼的同时，又从心底嘲笑那些浅俗之人的无知，他的孤傲在心里告诉自己，在意他们的话，只会将自己拉低到和他们一样的水平。

在纪伯伦的心里，他的诗歌只属于玛丽，画作也只属于玛丽，因为它们能来到这世上，都是拜玛丽所赐。玛丽是他世界里的花朵，是他世界里的欢乐、祥和与美丽，是她那双布满慈爱的手将他捧向了高台。

盛开在笔尖上的纯白康乃馨

　　1916年秋，欧洲的战火继续燃烧着，但一度被迫停刊的艺术杂志社终于恢复了业务，杂志社第一时间通知了纪伯伦，并告诉他要为他引见一位新编辑。

　　一进编辑室，纪伯伦便看见一个人，那人脱口而出——这是纪伯伦！

　　纪伯伦吃了一惊，然后也一开口就叫出了对方的名字——这是米哈伊勒·努埃曼！

　　米哈伊勒·努埃曼是位阿拉伯侨民作家，是纪伯伦的同乡，纪伯伦见到他就像是见到了亲人一样。他们相互握了手，好像是久别重逢的两兄弟一般。纪伯伦热情地邀请努埃曼到他那里做客，努埃曼毫不犹豫地答应了。

　　三天后的傍晚，努埃曼和两位友人一起来到纪伯伦的工作室。据努埃曼回忆说，纪伯伦的住所在一栋旧建筑的三层楼上，当他进

第六章 偶遇知音：窗外的战火与窗内的诗人

到纪伯伦的屋子时，就好像进了修道院。那里的走廊像是地道，亮着一盏盏小煤油灯，在黑暗的墙壁上照出幻影，它几乎会把人拦住问话。楼梯像螺旋那样旋转向上，在他的脚下呻吟，令人想要惊慌而逃。

那天，纪伯伦正在画画，听到敲门声，他穿着绘画专用的一件破旧衬衫前去开门，让他的客人们吃了一惊。纪伯伦请他们坐下，稍等他一会儿。他绘画时如痴如醉的状态，有些罗丹的影子。三个人就一直等着，他们下意识地打量房间里的陈设，那房间里有一个占了半面墙的欧洲壁炉，壁炉的护台上有一盏煤油灯，那是屋子里唯一的光亮。屋子里整体看上去杂乱无章，它向人们表明了主人的贫穷以及他的努力、他的节俭和苦行。

那个夜晚，纪伯伦十分温柔亲切，他为客人们准备了阿拉伯咖啡，把它们盛在中国制造的红木酒杯中，又拿来水果享用。他们无话不谈，话题从未间断过。虽然是四个人在谈话，却好像是一个人在畅想。他们时而谈得诙谐，开怀大笑；时而谈到悲剧情节，愁容满面。当有人提及俄国文学时，纪伯伦颇表赞赏，他特别喜欢托尔斯泰、屠格涅夫和陀思妥耶夫斯基，但纪伯伦对于这些作家的作品，只读了一部分。他听了努埃曼的一番言论后，对他极力推崇陀思妥耶夫斯基在另两个作家之上的观点表示赞同。最后，纪伯伦抛出了尼采的话题，纪伯伦成为"疯狂的主讲人"，他认为《查拉图斯特拉如是说》是最伟大的著作。

当纪伯伦送走他的挚友时，已是午夜时分。在接下来的十几年中，他们还会在这里进进出出。纪伯伦将他的欢乐和痛苦，深深沉淀在了努埃曼的内心深处。一朵象征友谊的纯白康乃馨，已在他的笔尖盛开。

纪伯伦继续着他的"疯狂"，1917年初，他完成了一篇叫《囚徒王国》的文章，开始关注社会的阴暗面，讽刺腐败的官僚。他在文章里通过和动物园里的狮子的对话，叙说了纽约和它的居民的状况：

> 伟大的国王，瞧瞧围在你的铁笼旁的这些人吧！瞧这个像只猪一样，但他的肉却不美味；这个像头粗笨的水牛，可他的毛皮却没有价值；瞧那个像头愚蠢的驴子，却在用两条腿走路；那个像只不祥的乌鸦，可他却在庙宇中炫耀叫声……
>
> 庄严的国王，你瞧瞧那些宫殿和学院吧，它们是些窄小的窝，人们居住在里面，为能够住在以星星为装饰的房顶而得意，他们为有坚硬的墙壁而高兴，这墙挡住了太阳的光芒。它们是幽暗的洞穴，青春的花在它的阴影里凋谢，爱情的火炭在它的角落里被灰尘掩盖……
>
> 尊敬的国王，瞧那些宽敞的街道和狭窄的胡同吧。它们是危险的渡口，小偷在它们的拐弯处埋伏着，叛教者在它们的窝里躲藏着。它们是战场，各种欲望在明争暗斗，各种精神砸在那里互相冲突……而它们的统治者，并不是像你一样的雄狮，而是奇异的怪物。
>
> ……

第六章 偶遇知音：窗外的战火与窗内的诗人

纪伯伦继续用他的笔和口忙碌着，他每天在那个城市里行走，为的是引起"怪物"的注意，为了听他的双脚在那个"危险的渡口"的走动声。他用脚步声敲击着它，为的是要打开那"窝"的门。纪伯伦常常约努埃曼来家里，他除了自己认同的人之外，不想认识其他任何有文采的人。而当他和努埃曼谈到那些世界公认的大人物时，则完全是诗中崇敬的语气了。他害怕他的挚友谴责他在逃避人们的传统和向人们炫耀他的业绩之间的矛盾。他的每一种关系，都蒙着一层帷幕，罩着一件艺术和文学的外衣。

有一次，纪伯伦和努埃曼讲，他应邀出席了鲁滨逊夫人家的茶会。然后他用自豪的语气补充说，她是西奥多·罗斯福的妹妹。她是位能让他赞赏的女诗人。纪伯伦就是这样一个一只手和人握手，另一只手却打人耳光的人。当他在丑恶、严酷和黑暗中体会到痛苦时，就会向人们大发雷霆；当抱负让他向往荣誉、贫穷扼住他的咽喉时，他就同人们和解。就这样，他的灵魂自我分裂，叛逆的纪伯伦在纽约这个黑暗的洞穴里渐渐习惯了。

每当有一扇通往另外一个艺术界和文学界的门在他面前打开时，纪伯伦就觉得那开门的人具有"权力"，他的话有分量，他的声音会传得很远，他的同情更有价值，他的宣传会有更深远的影响。于是，纪伯伦开始为这样的人收酬画像。在努埃曼的建议下，他将一张画的价格定在250美元左右。这个生意让纪伯伦小赚了几笔，很多人还愿意买下他的另外一些作品。于是，纪伯伦不得不去奉承他们。当时，一些对文学艺术一窍不通的贵族，为了显示门客的高尚涵养，常常会邀请一些诗人和艺术家到家里开茶会。纪伯伦也"荣幸地"成为被邀请的一员。就这样，纪伯伦在以最小的代价，缓慢地博得自己的名声。

但纪伯伦不满足于他艺术成就上缓慢的进展，他清楚自己的身体中有两个灵魂——画家和诗人。他把画作贡献给了美国人，而把诗歌贡献给了有着共同民族语言的人。所以，美国人不知道他的诗歌，阿拉伯人不知道他的画作。他希望能把两个灵魂合二为一，他应该试着用英文写作，这也是玛丽和许多美国朋友的愿望。英语的文学世界是广阔而富有的，而阿拉伯语是狭小而贫穷的。如果像现在这样下去，贫穷还会继续促使他卖画，他还要依赖每个月从玛丽那儿得到的75美元维持生活。他下定决心，要把《疯人》这本书译成英文。

他写信给玛丽，告诉了她这个令人振奋的决定，玛丽收到信，次日便抵达纽约。他与玛丽共同将《疯人》译成英文。繁忙之余，两人去散步，他们走到一个发电站后面，在树荫下的水泥槽里坐下。纪伯伦向玛丽隆重地介绍了他的挚友努埃曼，玛丽很高兴他能结识这样一位朋友。他们坐在那里，眷恋地凝视着一切，忘记了一切，仿佛世间除了他们一无所有。

《疯人》的翻译工作继续着，玛丽将用整个暑假帮纪伯伦完成这份工作。一天，玛丽谈及了他们一直避而不谈的关于性的问题。玛丽说，她完全没有能力估计精神对性关系的依赖程度。哈利勒是最接近她的人，她不认为他更接近别的女人。

纪伯伦高声回应，她未曾接近过任何一个男人，他所接近的女人也仅仅相当于玛丽所接近的百分之一。

无人能够猜透他们交往的本质，仿佛一个不可公开于世的天机。如今，纪伯伦自己迷失其中，他只知道，他们彼此能够听到别人所听不到的彼此的声音。他明白一切，她通晓一切。这是爱情，也是友情。

在黑暗的洞穴中行走

纪伯伦与玛丽在8月末完成了《疯人》的翻译工作，玛丽于9月返回波士顿，因为学校即将在月末开学。他们后来又就某些篇目做了书信交流，直至年末才改定。

1918年1月6日，纪伯伦来到了波士顿，准备与玛丽一起度过他35岁的生日。努埃曼也同行而来，他们在中午到达。努埃曼并没有与两人一起用餐，只是聊了几个小时便离开，一是不想打扰他们二人，二是此行有自己的事情。

纪伯伦从波士顿回来不久，努埃曼来到了纪伯伦的住处。纪伯伦以一张比平时看起来更为高兴的笑脸迎接了他，兴冲冲地拿给努埃曼一本英语杂志《七艺》，给他看编委中自己的名字，以及在正文中自己所写的格言和散文诗。努埃曼对他的英语文体表示钦佩，觉得比他的阿拉伯语文体更加优雅流利、有条不紊。努埃曼问纪伯伦，为什么像魔鬼一样把这些精髓掩藏起来，向他保密到今天？如果还有此类东西，他可以立即拿去发表。

纪伯伦试图利用这个平台，将他的诗歌推向美国文坛。他为努埃曼朗读了那些格言和散文诗，努埃曼决定将他们全部收入《疯人》里。在纪伯伦朗读完《神》的结尾那句"我是你在大地上的根，你是我在天空中的花。我们一起在太阳下生长。"时，努埃曼不解地问他，在太阳下生长的神是什么？难道神也有生长和衰老吗？怎样在太阳下生长？是不是太阳比神更古老和坚强呢？还是他以自己的生长去理解神的生长？

纪伯伦回答说，他在上帝的问题上，有特殊的见解，他将另找时间做解释。但那个时间并没有到来。

《七艺》鼓励了纪伯伦用英语写作，它使他把自己代表性的诗歌展现在纽约的诗歌平台上，使他能和纽约诗歌协会发生联系。他满怀期待地写信告诉了玛丽：

亲爱的玛丽：

这是个令人疲惫不堪的日子，在静怡和安乐的日子到来之时，我们从遭遇中学到的东西将具有巨大价值。

玛丽呀，生活是仁慈的。毫无疑问，岁月喜欢我。我要虔诚祈祷……祈求岁月善待他人，怜悯他人，关怀所有人。

我有时感到悲伤，因为岁月的慈悲使我感到为难。这并不是因为我背信弃义，而是因为千千万万的人在受苦受难。

星期四，我将赴诗歌协会发表谈话。我将要谈论诗歌。谈诗之前，我该说些什么呢？心里一点底都没有。

在类似场合里,我总是这样。去时心慌意乱,不知道该说什么,只觉惶恐不安;当面对众人时,恐惧心理立即消退,心中的结暂时被解开。

玛丽,你要知道,计划是没有用的。每当我做好准备时,却总是失败;想好了要说什么,到时不免张口结舌。

每当我把事情托付给精神时,我便能成功。因为精神是无边洋溢的大海,从不吝啬。

是的……精神是大海。

哈利勒

他利用在诗歌协会集会上的机会,朗诵了英文诗《上帝》,并提起了另一首独特的新诗《夜晚和疯子》。但是,当他从集会回来后,却勃然大怒,苦恼得像快要爆炸——一些协会成员用瞧不起的脸色和讽刺的低语冷漠地接待了他和他的诗歌。

纪伯伦掩藏了他的悲伤,继续他的笔耕。他用一首英文诗歌《挫折》把自己的失望转化为对"敌人"的失望,而他的失败则是自己意志的胜利:

挫折啊,我的挫折!我的孤独与冷漠!在我看,你们比千百次成功的喜悦更珍贵。在我心中,你们比世间一切辉煌的胜利更甜美。

……

挫折啊,我的挫折!我的利剑和坚盾!从你眼波中我读到：被加冕即是被囚禁，被理解即是被降至平庸，被人掌握即是变为圆熟，正如瓜熟蒂落，为人吞食。

……

挫折啊，我的挫折！我不朽的勇气！我们将与暴风雨同声大笑，我们将一起埋葬身内的死亡，我们将怀着同样的欲望站立于阳光之下，我们将是危险的。

纪伯伦以这首诗为安慰剂，治疗他受了伤的自尊心。但他还是会对轻视自己画作和诗歌的人感到愤怒。因此，纪伯伦觉得自己应该远离人群，不再与他们发生瓜葛。因为他总是觉得与那些人交往完全没有益处，他不再需要那些人的理解。如果被他们理解，他就会降低到他们的水平，他会生气。如果不被他们理解，他也会生气。纪伯伦发觉自己成了一个矛盾体，连说话都觉得厌烦。他在《和一群说话者》中说：

我已经厌烦同人们说话，我的灵魂已在与人们的交谈中变得倦怠，我的思想在同人们谈话时丢失殆尽。

现在，我对说话和说话者感到憎恨，我是否似一个患病的医生？或是像个罪人以一个训诫者的身份站在罪犯面前？我以我的唇舌诋毁了谈话，我把谈话者看作不祥之物，而自己却也是其中之一。上帝是否会宽恕我的罪过？在他的怜悯降临于我，将我带到思想、同情、真理的森林里之前，谈话和谈话者无处不在。

尽管纪伯伦将自己比作"患病的医生"和"有罪的训诫者",但他并没有看到自己的病症和罪过,他只是站在别人的对立面,看他人的病症与罪过。他仍旧挖苦和讽刺着别人的世界,好像总是在与敌人斗争,而他不知道,敌人常常只是假想的自己。假若纪伯伦在那个时候对镜自照就会发现,他从尼采那里借来的外衣穿起来并不合适。他被尼采的气质和意志吞噬,困在了一个黑暗的洞穴中。纪伯伦就这样走在他以为是世界的黑暗洞穴里,饱尝着心中的痛苦。

但他还有一条特别的路可以走,那是走向他的救世主——玛丽之路。每当他迷茫,找不到心灵的方向时,只要找到玛丽就行了。

一个星期后,纪伯伦平复了心情,态度乐观地向玛丽说了诗会的情况:

亲爱的:

我念着主的美名,所以我成功了。

我在诗歌协会,轻松、出色、满怀信心地朗诵了诗歌。那里聚集了很多人。人们蜂拥而至,为了一睹我的风采,为了赞美我,批评我。但是,过分的批评会使人看到自己的弱点;我已感觉到了自己的弱点。

人们都喜欢《上帝》一诗,他们说我用其劈开了黑暗,他们说,那首诗最好,最成功。

哈利勒

第六章　偶遇知音：窗外的战火与窗内的诗人

纪伯伦将所有不愉快全部轻描淡写，他突然想通了，为什么一定要在意那些呢？明明有肯定自己的人，而自己却总是忽略他们，反而去关注质疑自己的人，真是愚蠢透顶。

纪伯伦继续做着"门客"。5月初，他受在诗会上结识的伽兰德夫人的邀请，来到她在波士顿的庄园。玛丽曾在日记中回忆纪伯伦关于她的描述："伽兰德夫人天性温柔，嗓音甜润，精力旺盛，目光中洋溢着聪颖与智慧。她什么都会，从家务到农耕，还善于写作，已著有两本书。他见到了她的孩子们，并与他们进行了交谈。三个男孩子从学校回来探望母亲。他们所表现出的聪慧超过他们所透露出来的鲁莽，虽然他们的年龄正处于莽撞时期。他喜欢他们，钦佩他们的能力。"

他们每天早上8点钟以前会面，在庄园一起写作，一两个小时后，纪伯伦会回到楼上自己的房间休息一会儿。伽兰德夫人告诉他不必拘束，自由地做任何事情。所以，纪伯伦每晚都会去玛丽那里坐一会儿。

在伽兰德夫人的庄园做客这段时间，纪伯伦开始用英文创作散文诗集《先知》。在写作之前，他曾与玛丽说过这个计划。这次，他不需要她的帮助，他会靠自己的英文去完成。

玛丽一直深信，她绝没有看错人，她再一次见到了纪伯伦迈向成功的坚定步伐。在她的日记里有一段优美的文字形容那时的纪伯伦：

在平原与大海之间的一座城市里，在轮船停泊、羊群吃草的地方，有一个男子在众人之间游移徘徊。

那是一位诗人，一个预言家。他热爱人们，人们也热爱他。但是，孤独成为他的至大品质，仿佛上帝对他特别关照，从未把他托付给别人。

人们全神贯注，侧耳聆听他的谈话。他们感到他的心中有精美、甘甜的话语。不过，他们对他的热爱并未能接近他真实的另一面，因为那里还有一道神秘的屏障。就连女性也包括在内，她们惊叹他的温柔与清高，却感觉不到她们对他的爱会导致低级风流的事情发生。

人们把他看作本城的个别人。他在田园里同人们和他们的孩子说话，但他们的内心感觉昭示他们，他不会长期待下去，不久便要离开。

……

纪伯伦从未融入过人群，玛丽深知这一点。他遇见过很多人，而在他心中真正算是朋友的，屈指可数。这个特立独行的诗人，还在"黑洞"中徘徊着……

文字里的岁月如梦如烟

5月初，纪伯伦收到玛丽来信，她邀请他来学校做一次演讲。纪伯伦毫不犹豫地答应了。

3天后，纪伯伦身着崭新的夏装出现在玛丽面前。玛丽说，那是她见过他穿过的最漂亮的衣服之一。纪伯伦回答，正因为如此，他才穿上了它。

纪伯伦告诉玛丽，他特意推掉了罗斯福先生和他妹妹举行的午宴。玛丽听闻觉得有些歉疚，但纪伯伦马上告诉她，他见过罗斯福了，不过不是单独见面，也不能自由畅谈。那是在罗斯福的妹妹鲁滨逊夫人的一次宴会上，鲁滨逊夫人是位很出众的女士，她关心每一件事情。那次，她邀请了20多位宾客，从容不迫，面面俱到。所有人都认为她在同时照顾每一个人。

纪伯伦做完演讲，又与玛丽妙趣横生地畅谈了两个多小时，他们谈到了一切，仿佛有说不完的话。

5月中旬，纪伯伦返回了纽约。他开始与努埃曼交流诗歌，他们每次会面，都会朗读各自的新作。他们会每人点上一支香烟，倒一杯葡萄酒，倾听彼此的心声。有一天，纪伯伦在给努埃曼介绍完自己的新作之后说，这首诗将会令他感到惊奇，因为那里面有两种声音。不同的声音会增加诗歌的吸引力，比一种声音更能吸引读者。

随后，纪伯伦开始以高亢的声音朗读，用前所未有的浑厚嗓音来增强力量，如此直到结束。努埃曼赞赏他出色的乐感，使诗歌保持了韵律，但他也发现了其中一些诗句的韵律有失误，纪伯伦自己没有注意到。努埃曼指出了一些失误之处。而纪伯伦却说，假若他和韵律协调，韵律就会带来自身的含义，或者带来更有力的因素来弱化诗本身的魅力。如此，他便只能丢下诗了。努埃曼继续心平气和地指正，诗歌的前言色调苍白，与诗中的力量和魅力不相适应。纪伯伦思考片刻，也有同感，便重新润色诗句。

纪伯伦很少接受批评，但他能够接受努埃曼的批评指正，向他学习经验，可见努埃曼在纪伯伦心中的地位之高。努埃曼是走进纪伯伦世界的少数人之一，他也是纪伯伦在艺术道路上不可或缺的引路人。

他们讨论完诗歌，纪伯伦向努埃曼展示了自己的画。第一幅映入努埃曼眼帘的画中有一位裸体的少年，有着强健的肌肉和匀称轻盈的体态。他右手握着笛子，双脚正迈着步子，两眼凝视着远方。在他后面的空地和天空中有一些做游泳姿态的女人。在少年的后方，有一群人在行走，相比于少年，他们都是些矮子。

纪伯伦说，这幅是他刚刚完成的作品，还没有名字，想听一听努埃曼对它的见解。努埃曼稍作思考后说："想象的主人知道他的想象顺从他的意志，这样他就是自由的。空中的方式是最大的想象，相当于赶骆驼的诗歌。在少年身后的一群人漫无目的地行走着，不知该去向何处，他们是些奴隶，因为他们没有自由的想象。"

纪伯伦拍手称赞努埃曼这心有灵犀般的见解。

接着纪伯伦为努埃曼展示了《正义》和《自由》，它们令努埃曼体会到了绘画的伟大、想象力的伟大以及纪伯伦出众的才华。

几天后，努埃曼与纪伯伦告别，他将穿上戎装，同许多美国士兵一起开赴法国。纪伯伦久久地拥抱着他，并由衷地祈祷他能够平安归来。

在努埃曼这位引路人的帮助下，纪伯伦不再从壁孔里看生活和人们，他开始用智慧在显微镜下观察真相。他终于发现，是那位"超人"尼采的力量所划下的一道鸿沟把他和人们隔离开来。

纪伯伦开始重新认识这个世界。

于是，他在《权利》中说："权利属于抱负，精神如果强大，就会拥有主导权，如果弱小，那就以变革来替换它。"

他在《爱情》中谴责自己："爱情如果由肉体来引导，那么它的目的地将会是床笫之间，那是爱的自杀。爱情在于精神而不在于肉体，我们领会此点，就似饮酒有助于激活思路，而非致醉一样。"

他在《知识》中发现："最好的知识无非是，你战胜梦幻，你行走于地球的儿女之间，让他们来嘲笑你。"

他在《幸福》中悟得："在世界上没有幸福，只有幻影的延伸，即使它幻化为血肉之躯，也只能遭到人类的厌烦。"

他在《死亡》中嘘叹："对于地球的儿女来说，死亡便是结束；对于宇宙来说，则是开始和胜利。"

从黑暗洞穴中奋起的纪伯伦，重新回到了生活的舞台上。

5月底，纪伯伦再一次参加了鲁滨逊夫人的宴会。这次，他遇见了三位大人物——政治家兼作家亨利·鲁德、美国陆军总参谋长罗纳德·伍德和外科医生兰伯特博士。他们谈到战争，还谈及厮杀诸事。伍德将军告诉纪伯伦，战争是一种自利的力量，但又是谁也不能得利，国家也不能从中获益的无用力量；亨利·鲁德说，他正在写关于莎士比亚的研究论文；兰伯特博士讲到他在法国看到的一些令人心慌意乱的事情……这次宴会，纪伯伦获益匪浅。

与此同时，出版商开始向他催要一些零星文章，如小说、散文诗和寓言故事等。他不得不将每天缩短的工作时间重新延长。他每完成一篇就会给玛丽寄去一篇，也会给来访的努埃曼过目。只有得到这两人的认可，他方才将之称为定稿。

毫无疑问，玛丽是个有才学的人，是个了解纪伯伦的人，她有能力帮纪伯伦润色文章。但同时玛丽也是个谦逊的人，她感激纪伯伦如此相信自己。她曾写了一篇诗歌一般的日记，抒发自己的心声：

哈利勒把他的思想火花寄给我了，
他要求我对之润色修改。
我默默地接受了这个提议，
我答应竭尽我的全力。
我深知他心中所想，
我熟悉他的至诚谦虚。
他有意鼓励我，
他渴望以此使我提高自己。
我当着众人高声宣布，
他言语精道，
他写作起来没有错误，
我只是把正确的再度修改。
他与我在一起从不自诩为导师，
他与我在一起总是夸奖表彰。
他有意使我把自己的头高高抬起，
他希望我的灵魂放出光芒。
哈利勒是个高尚的人！

6月底，《疯人》的出版商来拜访了纪伯伦。他们商讨了一些细节，最终达成了协议，确定了最终的出版方案。

这本书将在10月问世。后期整理工作几乎使纪伯伦与外界失去了联系。他一直忙碌着，不曾须臾停歇，以至于他再一次被疾病侵袭。他不得不停下工作休息，他先后去拉伊岛和长岛停留了一些时日，觉得可能会得到些灵感，可他却一个字也没写出来。不过，他画了一些水彩画。

感觉身体舒服了很多后，纪伯伦回到了纽约。他将《疯人》中插图的复制品寄给了玛丽，但在玛丽的回信中，得到了一个坏消息——玛尔雅娜不幸伤了肋骨。

第七章
笔画年华:金色的梦幻时光

"疯人"降世

纪伯伦得知玛尔雅娜受伤的消息，心一下子提到了嗓子眼儿。他真的害怕了，那是他唯一的亲人，他绝不能再失去她了。他立即动身回到波士顿，去医院找到玛丽，玛丽告诉他，医生说玛尔雅娜不会有生命危险，只是折了根肋骨，并让他回去工作，因为《疯人》出版在即，耽误不得，这里一切都交给她就行了。纪伯伦别无选择，看了一眼病房中熟睡的玛尔雅娜后，就返回了纽约。

但回到纽约的纪伯伦毫无工作情绪，直到几天后，纪伯伦收到了玛丽的来信：

亲爱的哈利勒：

玛尔雅娜得到了骨科医生的关照。相信她已经摆脱了痛苦，病情的好转使她的精神好多了。这也增加了她的生气，消除了她的烦恼。

恐惧使我们不幸，希望能保护我们。

每当我们避开恶，便会得到善的启示。

当我们的心神避开了死的想法时，即使我们已死去，我们也不会死的。

病情好转使玛尔雅娜相信医学及医生的力量，她将自己满怀信心地交给了医生。医生说她的心脏有力，两肺也健全。

我现在能够开车。我更喜欢自己驾车。

哈利勒啊，15幅画已告完成，真的使我难以相信。那些画都像我之前看过的那幅《高卢利亚》那样大小吗？

玛丽

纪伯伦这才放下心来。

8月末，玛尔雅娜完全康复，玛丽来到纽约帮助纪伯伦整理稿件。9月1日这天晚饭后，他们在马路上闲逛，夜幕不知不觉降临。他们在一扇门前发现了一只沉睡着的猫，它的两只前爪紧紧抱着自己的脑袋。这时，一个路人说，那是只死猫。他用手杖轻轻拨弄了一下，它没有动，它确实是死了。

纪伯伦感慨了一句："它的美未能给予它生命！"

接着，他们谈到死亡的情景及死者的面目。纪伯伦回想起他的母亲，他对玛丽说，他的母亲死于癌症，癌症侵蚀了她的胃。但她的头脑一直是清醒的，到死也没有糊涂。她的灵魂用智慧控制着她的肉体。她真实的生命一直活到最后。她长眠之前还谈到了苏菲主义倾向。她的谈话引人入胜，充满激情。

纪伯伦突然有些哽咽，玛丽建议换一个开心的话题。但纪伯伦继续讲了下去，他提到一个与他父亲交情至深的法国军官，这位父亲的至交在吊唁纪伯伦母亲的时候说："你的母亲是无人能比的，在女性中间找不到第二个人。"

他的母亲在他幼年时就让他懂得，他们之间的亲情是根深蒂固的爱。他仿佛还能看见她的面容，和原来一样，还是她那张随着岁月推移显得更加美丽的瘦削面孔。纪伯伦永远忘不了那段时光，虽然病魔使母亲骨瘦如柴，但她的双目依旧炯炯有神。她辞世时，面容安详，面色红润。

纪伯伦最终以一句盛大的赞美结束了这个话题："我不曾见过任何天降之物能与母亲脸上闪烁着光芒的美丽相媲美。"

他们继续走着，纪伯伦望见了那个总能在那条街上遇到的卖杂志的德国老人，他买了两本。看到玛丽不解的表情，他解释说，买本杂志是举手之劳，但愿让老人不再处于极度饥饿的状态。

纪伯伦，就是这样一个满怀善与爱的诗人，他曾叛逆，曾疯狂，曾憎恨。但他最终选择了顺其自然，他明白了叛逆、疯狂与憎恨的无力。

第二天晚饭后，纪伯伦为玛丽朗诵了两首英文的爱情诗，玛丽听后，为其中美妙的含义与严谨的结构感到不胜惊喜，她觉得那诗绝不会出自普通人的笔下。

玛丽又看了他前些天写的一篇随记：

第七章 笔画年华：金色的梦幻时光 | 135

　　12年前，我在一座花园里，看见麻雀为麻雀喂食。我常到那座花园去玩，不时撒些麦粒，供鸟雀啄食。
　　有一天，群鸟正在啄食麦粒，一只衔着麦粒飞走的麻雀引起了我的注意。我的目光一直好奇地跟着那只麻雀。那只麻雀在大约30英尺远的地方落了下来，穿过草丛，直到接近缩在那里的另一只麻雀那儿，只见另一只麻雀昂起头来，闭着眼睛。飞去的麻雀将口中的麦粒喂到另一只麻雀的嘴里，然后飞了起来。
　　我轻手轻脚地走近麻雀，发现它又大又肥。而我一直站在那里，直至群鸟飞走，但那只喂食的麻雀没有飞走，而是接近那只瞎麻雀，推了推它，仿佛催促它起飞。过了一会儿，两只麻雀一起飞走了，那只明眼麻雀一直没有离开那只瞎眼麻雀，双双高飞于天空。明眼麻雀与瞎麻雀形影不离，保护着它。那情景深深打动了我，我禁不住泪如雨下。
　　后来，纪伯伦不止一次与玛丽提到这两只麻雀的故事。那就是他心目中的爱情，他想要得到的爱情。

　　10月，纪伯伦的第一本英文诗集《疯人》终于问世。它意味着一个崭新的开始，他将以一种新的语言继续他的笔耕。
　　玛丽收到了纪伯伦寄出的第一本《疯人》，高兴得仿佛回到了少女时代：

亲爱的哈利勒：

《疯人》——谢谢，谢谢！你不可须臾忘记我！你要想到我，接近我……谢谢，谢谢！

你是亲爱的宝贝儿……

你是白天的溪流、夜下星斗照耀的山谷……

你是时而说话、时而静默的高山……

引领万物的是精神。你是离不开精神的，你以力量和信念紧紧依附着精神。

我们的饥饿向往着我们的精神，在"疯人"那里，在他的坟墓里，我与我的精神之间的多道帷幕顷刻化为乌有。因此，我爱他，我喜欢封面的画。我衷心为你祝福。

致我的爱。

玛丽

而此时的努埃曼正在欧洲战场上浴血奋战，他还不知道《疯人》降世的消息。在他一年后看到这本书时，他大为惊叹"疯人"的"疯狂"。

于是，1918年在《疯人》的疯狂中匆匆流逝。

1919年1月6日傍晚，纪伯伦来到了波士顿，与玛丽度过了自己的36岁生日。第二天一早，他去看望玛尔雅娜。当见到玛尔雅娜后，他面色陡变，妹妹憔悴不堪。他仿佛看到了母亲那张瘦削的脸。吃过午饭，纪伯伦带着满面愁容与玛丽走出那所房子。

温暖和休闲很快消除了他的痛苦与惆怅。那天下午，纪伯伦来到玛丽的学校，准备为学生和教师们朗诵《疯人》中的部分段落。在他们进入报告厅之前，有四位姑娘急速地向他们走来，将玫瑰花献给了纪伯伦。纪伯伦微笑着和她们握手，满面春风地和她们问好。玛丽突然发现，纪伯伦的脸上不知何时已被岁月划下一道道浅浅的皱纹。

那天的听众除了学生和教师，还有玛丽的一些友人。朗诵结束后，纪伯伦与玛丽单独会面。他说，她没有像那些成熟、文雅的友人一样，诚挚、友好地接触众人。她们本是捕捉字眼的耳朵，而且是留心细听的耳朵和机灵警觉的神魂。她们互相问答，知道什么时候该沉默寡言，什么时候该开怀大笑。

即使那些话不被人明白，它们也是一清二楚的。

玛丽只是微笑着，没有回应，因为她真的不知道该如何回应。

"说话有什么呢？我没与他说话。他在他的世界里遨游，也许飞了起来，飞得很高。赞美你，我的主！他属于另一种性格。他的气质高贵。他来自清风，他来自永恒赠礼。赞美你，我的上帝！"她在日记里如是说道。

书信传情却不知情是何物

欧洲的战火终于彻底平息，大西洋两岸的通信也恢复正常。

1919年1月末，纪伯伦久违地收到了"精神伴侣"梅娅寄来的信和几本《文摘》。纪伯伦恍惚间觉得他们已经失联了几个世纪。他马上提笔回信：

杰出的女文学家阁下：

向你的美好灵魂致意。今天，我收到了你惠寄给我的几期《文摘》，我怀着兴奋与敬佩之情读了一篇又一篇文章。我在你的文章里，发现了许多我日夜魂牵梦萦的爱好和倾向；不过，有许多原则需要理论，我真希望我们能够面谈，研究一番。假若我此刻在开罗，我一定求你允许我登门拜访，以便畅谈《空间灵魂》和《智与心》，以及"柏格森"现象。

……

你的文章体现出了你的天赋和你的博学多识，以及你筛选材料、布局安排的精良鉴赏力……不过，我有一个问题要问你：会不会有一天，你的杰出天赋能离开平日事务研究，走向表露你心底里的秘密，独有鉴别能力和其高尚的隐私呢？

……

作为一个钦佩你的人，我更喜欢读你的一篇关于"埃及艺术史及埃及艺术如何从一个时代演变到另一个时代，从一个国家传向另一个国家"的论文。因为你的《狮身人面像》一诗给了我一种心灵的慰藉，而你关于"埃及艺术史"的论文，只能给我指出一种平常的理性的东西……我希望你相信我对你的真挚、敬佩之情。请接受我的崇高敬意。上帝保佑你。

哈利勒·纪伯伦

纪伯伦顺带将一本《疯人》寄给了梅娅，梅娅在回信中告诉纪伯伦，这本书中藏有"冷酷"，甚至有"黑暗山洞"的成分。纪伯伦第一次听到这样的评论，他读过美国和英国多家报纸与杂志上关于《疯人》的评论，但都没有提到过梅娅所说的"冷酷"与"黑暗山洞"。而事实证明，梅娅猜透了纪伯伦的内心，因为那本《疯人》的确是"冷酷"的，纪伯伦在"黑暗山洞"中所悟出的一堆文字。她不同于报纸杂志上那些平庸的评论家，她是另一个能理解"抽象的"纪伯伦的人。纪伯伦带着激动的心情再一次为他的精神挚友回信：

杰出的女文学家阁下：

　　……我的朋友，你可知道，我在我们断断续续的谈话中找到了慰藉、亲情和平安？你可知道，我曾对自己说，在地球的东方有一位姑娘，她不像平常的姑娘，而是她在自己出生之前就已进入圣殿，站在最最神圣的地方……

　　《狮身人面像》一文，你知道我是在《艺术》杂志主编——上帝宽恕他——再三要求下，才向你征稿的。依我的天性而言，我认为像那些文学家，尤其是极少数的只有得到生活的启示才付诸笔录的文学家……建议他们写什么题目，那是件丑事……而指定题目本身包含着一种阻碍把文章写得更好的东西……

　　总之，我将先于你写一篇关于"狮身人面像微笑"的文章！之后，我将写一首关于"梅娅微笑"的诗；假若我手中有她的照片在微笑，我今天就会赋诗……

　　关于《疯人》，我能说什么呢？你说其中有显示"冷酷"，甚而显示"黑暗山洞"的成分。而我到现在为止还未听到过像这样的评论……你喜欢《疯人》里的那三幅画，使我感到高兴……你问我，在我写下"因为那些了解我们的人，总想奴役我们的某些东西"之后，是否想让别人了解我？不，我不想让任何人了解我。

　　……此信写到这里，而我开始想说的话一句还不曾说出来。设想一下，谁又能将那稀疏美丽的雾霭化为塑像和碑碣呢？但是，能听到声外之声的黎巴嫩姑娘，笔尖困扰在雾霭中的形象和幻影。

　　向你那美好的灵魂致意，向你那高贵的情怀和博大的心田问安。

哈利勒·纪伯伦

　　起初，梅娅对纪伯伦并没有太深的感觉。可通过频繁的书信交流，她渐渐对他产生了极大的兴趣。梅娅觉得纪伯伦是个"挖不到底"的人，每当她觉得自己终于识得他的真面目时，却发现面具下面还有一层面具。然而，梅娅是个不服输的女人，她下决心一定要把这个男人"挖到底"。

　　于是，两人就这样一直在信纸上你来我往，却从未见过一面。直至纪伯伦告别这个世界的那天，他们也没有见过彼此。他们的关系可以称之为伴侣，但似乎又像是挚友。梅娅曾一度质疑他们的关系，她究竟该怎么定义？于是，她与纪伯伦停止通信了一个多月来考虑这个问题。

　　直到有一天，她终于鼓起勇气，再次给纪伯伦写信：

哈利勒：

　　……当我坐下写信时，忘记了你是谁，身在何处？我和你说话常常像与自己说话，有时觉得你就像我的一个女同学。浮在那种精神状态上的是一种特殊的敬重感，是姑娘与姑娘之间不同寻常的一种感情。

……

已有六七周没给你写信了。因为我对自己说"我们应该到此止步"。但是，我们没有止步，不但走了一步，还跳了一步……

你把我作为"罪犯"禁锢在你的本子里，并且开始诉苦，因为"每当你注视一件东西时，我便把它藏在面具之后；每当你伸出一只手时，我便用钉子在上面打洞"。是的，我是那样做的……我开始曲解那些意思，歪曲那些问题……我之所以有意那样做，是为了让我自己经受必不可少的折磨，而你却总是不避开让我接近那个题目的词语；正是那个题目，在过去几年里，一直使我的灵魂充满荆棘和苦汁。你明白我之所想，但却不是真正意义上的明白，只是明白了非我所设想的一面。之后，你被男子汉的自尊心控制，忘记了另外一个题目意外而至，只要它不是根本性的，就会消失，不会影响我们之间的文学、思想方面的联系。或许人们说得对：男女之间的友谊是第四大不可能！

……我知道，我以为我们是两个人时，我只是一个人。我估计你将之只看作"序曲"，而我则认为那是事情本身。在我看来，你的沉默意思是："要么就那样，要么没什么！"你最清楚这在我心中的影响。

梅娅

第七章 笔画年华：金色的梦幻时光

一个多月没有收到信件，纪伯伦看到此信时，心里是明白的。毫无疑问，他迷上了梅娅，梅娅也喜欢上了自己。但同时他也有些疑惑，梅娅对他来说是个特殊的伴侣，同时又像是个纯洁的小妹妹。他似乎形成了某种对婚姻的成见，他认为一个没结婚的女子生机勃勃，完美鲜艳，一旦结婚，就会使她身上生命的火焰熄灭，凋敝。于是，他只能选择含糊其词：

梅娅：

……我向你承认，我在某些事情上并不明智；但是，在生活中不是就有明智的手指，触摸不到的东西吗？在我们中间不是就有那样一种东西……梅娅，假若我现在与过去的体验稍有相似之处，我是不会宣布的。只是因为它来得太突然，而且是一种奇异的全新感受，如果我那时在开罗，口头说给你听，而且简简单单，不带有任何个人目的，我们之间是不会产生误会的。但是当时我不在开罗……像这样的"题目"用信表达，往往使最简单的事情变得繁杂……

我再说一遍，假若我在开罗，我们会像站在大海边，或星斗下，或开花的苹果树前那样站在我们的心灵体验面前……我过去和现在都认为，有些体验只有两个人同时参与时，才会产生……从而使你对自己说："我们应该到此止步！"感谢上帝，因为我们没有"止步于那里"。梅娅，生活不会在任何一个地方止步……梅娅，我们若爱上了什么东西，我们只会把爱本身当作目的，而不是将之视为获得别的东西的媒介……从一朵花中看见春天的秀美和绚丽，在乳儿的目光中看到人类的全部希冀和愿望。因此，我们不想把最近的东西作为达到最远目标的手段或开端。同样，我们也不想和不能站在生活面前的人，带有附加条件地说："给我们所要的任何东西——要么前者，要么后者！"

……你想让"抒情歌曲"这个字眼儿在我心上挖洞……我们就让它挖吧！挖吧！挖吧……梅娅，你是开拓巨人之人中的一员，同时，你也是一个七岁的小女孩……生活中没有比紧追这个可爱的小女孩更加甜美的事了……

哈利勒·纪伯伦

后来，梅娅曾试探着在信里询问纪伯伦："你的心里是不是一直住着一个人？她在你面对最苦难的生活时，在物质和精神上都帮助过你，所以你再也容不下第二个人闯进去？"尽管纪伯伦表示他和玛丽的关系只是"纯洁的感情"，但梅娅仍然猜忌和怀疑，纪伯伦只好采取主动退让的姿态。他们就这样一次次地误会后，又一次次地冰释前嫌。他们始终书信传情，却不知情是何物？

游走于舞台的戏子

1919年3月,纪伯伦收到玛丽的来信,说她的朋友们想要一枚印章,要他亲手设计图案。这是纪伯伦有生以来,第一次做设计工作。他花了一个月时间,一个"一只张开的手托着一朵玫瑰花"的图案终于出炉。他写信告诉玛丽,这个设计方案可以作为校徽使用。他向玛丽阐述了那个图案的含义:张开的手是美的标志;将玫瑰花置于张开的手掌上,意味着为美上添美。

两个月后,纪伯伦的阿拉伯文长诗《行列之歌》的单行本由一位犹太出版商经手,终于在纽约出版。他将收到的第一本样书寄给了梅娅,并附一封短信:

梅娅:

《行列之歌》今日出版,我将收到的第一本书寄给你。该书正像你看到的那样,它是一个梦,某一半仍然是雾霭，另一半则几乎成为可以感触的实体。假如你觉得其中有的东西好，它就会化为美好的现实，倘若你认为有什么东西不好，它会全部返回雾霭中去。

　　向你的美好灵魂致以一千个问候和敬意。上帝保佑你平安。

哈利勒·纪伯伦

　　纪伯伦终于得来一阵清闲的日子，他选择去跋山涉水，让自己久未活动，就要生锈了的身体重新焕发活力。

　　6月，纪伯伦旅行归来。他收到了梅娅寄来的三封信和一份《都市报》。《都市报》上有一篇梅娅关于《疯人》插图的评论文章，纪伯伦细细地品读了一遍，觉得那是"深刻的艺术感触、精明独到的思想和锐利评论目光的最好证明"。梅娅在信上大为称赞《行列之歌》，并要背诵她喜欢的诗句。她盛赞纪伯伦："我们这些凡夫俗子来了，我们只能用我们的贫乏去理解那鸿篇巨制。因此，你们因我们的愚昧而成了不幸受害者，而我们也因之成为吃亏的可怜人。"

　　不久，《疯人》的法文版本问世，同时，意大利文和俄文版本也正在筹备中。而身在法国的努埃曼却错过了这本书的上市，他前脚刚刚离开巴黎，法文《疯人》就摆上了巴黎书店的书架。回到美国后，他去了华盛顿休养。而纪伯伦正忙着让陷入资金危机的《艺术》杂志复苏，他与纳西布·阿里德正在制订计划，听闻努埃曼回到美国的消息，他立即寄信"强制"他来帮忙：

米哈伊勒：

　　上帝为你祝福。我已从漫长的旅行中归来，会见了我的纳西布兄弟，我们就复活《艺术》杂志有关事宜交谈了许久……我已会见了波士顿和纽约的许多文学家和学问家……那些谈话都集中停留在一点上：纳西布不能够独自做那个工作，米哈伊勒·努埃曼应该回到纽约……与纳西布一道制订计划。因为这些人的信心需要由两人构成，而非一人所能成就。纽约是侨居在外的叙利亚人的都城。米哈伊勒·努埃曼在居住在纽约的叙利亚人中有影响力，应该在纽约为《艺术》杂志举办一个大型募捐会……应该成立一个小委员会……除了米哈伊勒·努埃曼，谁能担当成立这个委员会的要任呢？

　　米哈伊勒，每当我们谈起《艺术》杂志的话题时，便想起很多事情，都需要你着手去做。你若想复活《艺术》杂志，你就该回到纽约……我相信5000里亚尔（阿拉伯币）能够保证杂志的未来，但我又认为只发公告而不举行募捐会，连一半都凑不到……你若返回纽约，必然要做出牺牲；在这样的环境下，牺牲是放在至尊者面前的宝贵礼物，有时是献给至圣祭坛的重要祭品。在我看来，你的生命中最可贵的就是实现你的梦想，而你的生命中至关重要的则是再度发挥你的天赋之才。

哈利勒·纪伯伦

虽然纪伯伦这封霸道的信让努埃曼回到了纽约,但是《艺术》杂志终究没能摆脱厄运。因为他们的计划只是纸上谈兵,几乎不可能在行动中实现,他们的心勇敢地扑在复活《艺术》杂志上,但他们的钱袋却是羞涩的。而那些富得流油的人,心远离着文学。就这样,继《侨民报》之后,纪伯伦又失去了一个"舞台"。

但纪伯伦马上找到了"新舞台"——《旅行家》,它是一张每周二出版的报纸,创办者是努埃曼的朋友阿布特·迈西赫·希达特,已经经营了6年。虽然《旅行家》不是纯文学的报刊,但阿布特热爱文学,他们心灵相通。于是,《旅行家》编辑部成了他们漫步的圣地、思想的讲台、韵律的发表处、文字的舞台。他们每周至少聚会一次,这些人心心相印,有着相同的理想追求。他们时常为了办刊物而停止自己的写作,但才力过人的纪伯伦却能不停地写作。于是,不知不觉中,《暴风集》浮出他的笔下。

纪伯伦马上通知了事先约好稿子的依米勒·泽丹:

依米勒·泽丹:

……这本书名为《暴风集》——文章、故事、诗歌和散文集——纪伯伦·哈利勒·纪伯伦著。

我感觉到,并知道你会千方百计地出好这本书……我之所以这样说,是因为我知道你是世界上极少数用灵魂为书籍做装帧设计的人之一……冒昧地寄给你一本《泪与笑》,还请你把它交给新月社的编辑和印刷工人,指示他们按照它的样子安排《暴风集》的出版。我感觉《泪与笑》一书的样子甚好……只是我个人的欣赏观点，但我希望我们在这方面是共通的……至于这本书的价值、出版与收益，所有这些事情都托付给你的智慧与见地，你要怎么办就怎么办，无论何时何地。

……请梅娅小姐为该书写几句话，我在此谨对梅娅小姐致谢。

我将把文章和故事在来年一季度寄给你。说起"故事"，难道你不认为我们的文学觉醒已经足以鼓励、吸引作家们用小说模子表达他们的思想喜好与梦想了吗？……假若你能就这个题目写上一篇文章，用以表达《新月》杂志有征故事稿子的意愿，那该多好!

写到这里，我忽生一种想法，即，你若愿意，就请写一篇关于故事的文章，在文章末尾写上这样几句话：谁能以东方题目写一篇故事……可以获得1000吉尔希奖金。你可以指定部分文学家做评奖人，如梅娅小姐、赛里姆·塞尔吉斯等。至于奖金，我乐意在艺术竞赛后寄给你。

哈利勒·纪伯伦

纪伯伦是个固执的人，除了那3个人之外，没人能改变他的想法。他的这封信实际上只有两个目的，一个是想用自己喜欢的排版设计；另外一个是使他的新文体得到一个舞台。他的话中充满了睿智，在恭维了对方一番后，又以强势的口气说出自己的想法，让依米勒·泽丹难以拒绝。同时，他还不忘帮助他的女友提高一点名气。

不觉间，冬天悄然而至。11月初，玛丽去纽约参加一个教育界的会议，虽然会后十分疲倦，但她还是与纪伯伦共度了美好的夜晚。各种事情的忙碌使纪伯伦变得消瘦，但却没有失去神采。玛丽钦佩他，他能坚持不懈地砥砺自己的创作艺术，仿佛任何事情都不能挫伤他的锐气。

纪伯伦信心十足地告诉玛丽，在明年，他将发表两部作品，一部诗集，一部寓言集。之后，他将潜心创作《先知》，这部诗集里最早的一篇文章，写于纪伯伦16岁时。这部诗集记录了他内心的神圣情感，这份神圣的情感一直深居在他的心底，但他不急于将之唤出，他要让它永远存于那里。

诗人们的"笔会"

奇迹就像是突袭的龙卷风，来临之前总是出奇的平静。就这样，一场"龙卷风"突袭了纪伯伦。短短的几年内，纪伯伦作品的征订数直线上升。读者从四面八方来信，有很多评论家写文章拿他与泰戈尔相比。

1920年4月，玛丽意外地收到纪伯伦的来信，邀请她来纽约一聚。她带着疑惑如约来到纽约纪伯伦的住所——那个住满艺术家的地方。然后，她得知了一个惊人的消息。

那天，纪伯伦看起来很平静。他站在她面前宣布了一件事："我带给你一个令人高兴的消息，你将会感到欣喜。这里来了一群买房子的人，我担心他们的行动会引起房租上涨，致使我们负担不起。经过商量，我们把房子买了下来，从而救了我们自己。"

玛丽被自己听到的话语惊了一下，幸福的情绪马上占领她的心房。纪伯伦接着告诉她，他的"小团队"通过了一家叫本德社的演讲公司的报价，他将同意做巡回演讲，条件是在他的能力范围之内。当时，参与本德社的人还有马克·吐温、杜威等名人。

4月下旬，纪伯伦与他的小团队成员们在《旅行家》的报社编辑部展开了一次会谈，主题是"关于叙利亚的侨民文学家如何活动，以振奋阿拉伯文学自身的新精神，使之跳出默默无闻的窘境，成为民族生活中的有效力量"。其中一人主张侨民文学家为了阿拉伯语以及阿拉伯文学，应该联合起来，凝聚他们的力量，让他们的努力目标一致。在座的每一个人都赞同了这个思想。纪伯伦邀请了几位文友一周后到他家中聚会，商讨如何成立协会？

于是，在4月28日这天，包括纪伯伦和努埃曼在内的8位文人齐聚纪伯伦的居舍。一个叫作"笔会"的阿拉伯文学协会在这里诞生了！纪伯伦荣幸地被推选为会长，努埃曼荣任书记。努埃曼为"笔会"写了章程，纪伯伦为"笔会"拟定了出生的标记——一个圆圈中间有一本打开的书，书的两面绣着两行新颖的口号："上帝宝座之下有宝藏，它的钥匙即是诗人之舌。"在书的上方太阳当空悬挂，阳光照亮半个圆圈，书的下方立着一盏明灯，灯的右边是一支插入墨盒的笔，左边是形成光焰的墨水，最下面是"笔会"的阿拉伯文名和英文名。

这个标记宣告着"笔会"的成立。它给会员们指明了一条共同的康庄大道，他们将为了保卫它神圣的事业，一起在这条大道上前进。

《旅行家》杂志成为了"笔会"的期刊，会员们的作品开始在期刊上出现，而且是专号出版。"笔会"很快传遍阿拉伯世界和侨民居住地，新闻界也承认了它的成就。但还是有微弱的反对呼声传了出来，纽约阿拉伯文报的一位编者在自己的报纸上发文，激烈地攻击了"笔会"，而且特别针对了纪伯伦，还胡乱地将矛头指向了一个非笔会成员。当纪伯伦从努埃曼口中得知这个消息时，他双眼瞪得溜圆，仿佛冒着火光，唾沫四溅地愤然说道："我要朝他脸上吐唾沫，扭断他的脖子。像他那样的疯狗，只能用棍子对付。"

纪伯伦很珍视"笔会"的名声，甚至重于他自己。对"笔会"那样无理取闹地诋毁和污蔑，就相当于侮辱他的追求，他必然发怒，而且怒得合情合理。

平息了这场风波后，又有一个小麻烦找上了纪伯伦。他的一篇文章意外地被叙利亚文化监督机构要求从《新月》杂志上撤下，理由是那篇《你们有你们的黎巴嫩，我有我的黎巴嫩》涉及敏感话题。这件事让纪伯伦哭笑不得，他怎么也不会想到自己的文章会被自己的家乡拒之门外。他写信给依米勒·泽丹，送去了抱怨和歉意：

依米勒·泽丹：

……我不知道，做梦也不曾想到，叙利亚的监督机构竟然敏感到了连《你们有你们的黎巴嫩，我有我的黎巴嫩》这样的文章也不允许进入那个可爱又可怜的国家。那真是令人啼笑皆非的状况。我觉得他们把那篇文章撤下来，是在赞扬我，而我是不值得赞扬的；他们在侮辱自己，而他们是不该受侮辱的。这种令人痛苦的问题已经给你带来了麻烦，也给可爱的《新月》带来伤害，使我甚为不安。

　　……

　　在已过去的春天，我本准备去巴黎，然后去埃及和叙利亚，但我改变了主意，将自己置身于一些绘画与文学创作之中，这些工作需要我在这个国家留上两年……不过我一定要回到东方去，我很想念我的祖国……

哈利勒·纪伯伦

　　接下来的整个5月，纪伯伦都在忙着准备科学技术学会的演讲，以至于作为"笔会"会长的他连5月末的正式会议都没有参加。在这期间，他认识了一个叫玛丽塔·鲁荪的少女，纪伯伦欣赏她的心地善良和匀称有美感的身材。她答应了纪伯伦做他的绘画模特，并亲切地称呼纪伯伦为叔叔。纪伯伦自己不曾发觉，他已不知不觉到了被人称为叔叔的年龄，可却还没有成为父亲。他追求梦想的脚步太快，错过了本该留恋的风景。

　　7月，终于停下忙碌脚步的纪伯伦带着玛尔雅娜去乡下度假。他们在乡下待了半个月。出发前一天，纪伯伦收到了玛丽的来信。玛丽询问他的情况，并告诉他一个好消息——学校就要扩建了，并且还要盖新教学楼。

　　他回信告诉玛丽，他在乡下消除了疲劳，恢复了精神。然后他又用华丽的词藻，美化了他们的闲聊：

当一个人醉于某种想法时,也许他认为语言表达就是美酒佳酿。

你我的脸上聚集着四只眼睛。有时候眼前的事情模模糊糊,难以分辨,不知道这两只眼睛所看到的东西是否就是另外两只眼睛所见。

我们失败了!我和妹妹没能在库哈希特租到两间房子,我们本想在那里度过夏天。但我不在乎了,我将去波士顿。我的创作在城市多于乡村。

学校的消息使我感到开心。任何别的东西都不能与建设相比——建设比破坏好,建设有着美妙的含义,会使你感到那是奋斗成功的结果。

外部建设也是内部建设。即在我们心里,外部是内部的抄本。

哈利勒

8月中旬,纪伯伦展出了自己的组画。这本该是一场震撼人心的视觉盛宴,然而评论家们爱挑剔的毛病,让画展变成了"个人学术研讨会"。其中一位英国评论家在近处仔细地观察了其中一幅画后,沉思片刻,分析出的结果竟然完全不同于纪伯伦的创作意图,仿佛那成了他自己的画。纪伯伦再一次被类似的言论和意见激怒,他将掀起一阵猛烈的暴风,掀翻那些妄言与偏见。

第八章
桎梏降临：死神的目光扫视过他的窗前

暴风雨来袭

画展结束后不久,纪伯伦在文坛刮起了一阵猛烈的暴风——《暴风集》问世!努埃曼第一个在《旅行家》上发表了评论,对作者的心理做了深入分析,指出了纪伯伦在那个时期的创作特色:涂满笔尖的痛苦和不幸。

玛丽则在日记中感慨道:"起风了。刹那间,狂风大作,大雨滂沱,电闪雷鸣。哈利勒兴高采烈,他喜欢暴风骤雨。每当大自然变脸时,他总是显得那样兴奋……他远离我时,我总觉得大地病了,整个世界也病了。他不在之时,我觉得生活失去了意味,楼垮屋塌。暴风狂啸,摧枯拉朽,而哈利勒就是暴风。但是,他只是将我席卷而去,却不是摧毁我。他近在我的身边,这就是我的生活。我远离我之时,那就是我的生活……"

在玛丽的日记里,可以清楚地看出她与纪伯伦的关系绝非纯粹的友情。纪伯伦用爱的风暴席卷了她的世界,使她无法不去爱他,她牺牲着自己的年华去爱着他。

一天，努埃曼来到波士顿，前往纪伯伦和他妹妹住的老房子看望他。纪伯伦很高兴，见到努埃曼，他希望像往常一样，要努埃曼朗读新的作品。但努埃曼说，今天的文章不能读给他听，除非他不是纪伯伦才能听。听闻此话，纪伯伦立即明白了努埃曼的意思——那是一篇关于纪伯伦的文章。

他用满是诗意的言语告诉努埃曼："从现在起，我努力停止过我自己的生活，不想我自己的事情，这样我就能忘掉自己。米哈伊勒，但我害怕你。你有洞察我心灵深处的眼睛和笔，如果你愿意的话，就撕碎我用来遮掩傻瓜和瞎子的帷幕吧。读出来吧！"

于是，努埃曼从序言开始朗读纪伯伦的"内心"，纪伯伦平静地倾听着。

明天，贫穷的海洋将利用我们的悲伤、我们的痼疾、我们的饥饿、消化不良，以及我们的卑劣来将我们淹没。岁月将崩溃……只剩下永恒……可又有谁能够因讲述永恒、美与真理而存活下来？即使他是文学和艺术之子。

然后，我要对我们这儿的文学和艺术之子说：他们将在我们这一代的消亡中永存下来……他们只会是一小部分人。这些人紧贴着生活，他们口含薪炭，他们心怀烈焰。我不知道谁属于这笔的王国，他们中的一些人尚在生命的平静的子宫里，另一些人则已经呼吸着我们呼吸的空气，踩着我们脚踩的地面。就在这些人当中，有着他们的先锋，那就是黑夜里的诗人、孤独的诗人、凄凉的诗人、精神觉醒的诗人、海的诗人、"风暴"的诗人——纪伯伦。……

当努埃曼读到这里时，纪伯伦仿佛听到了那极为珍贵的肯定与理解。他哭了，两颊闪耀着晶莹的泪珠。努埃曼听见哭声，立即停了下来，收起了文章。纪伯伦请求努埃曼的原谅，他不能解释自己的眼泪。他知道，努埃曼了解，他不必解释。他们有一样的孤寂、一样的凄凉、一样的热情，他们能听懂彼此灵魂的语言。

纪伯伦要求努埃曼继续读下去，不要理会他的眼泪。但努埃曼拒绝了，他让纪伯伦自己到下周发刊的《旅行家》上面看。然后，努埃曼以一种批评的语气对纪伯伦说，他是属于人们的，可他责备人们而不责备自己，那是一种不公正。而纪伯伦，他要求人们而不要求自己。他要求人们理解自己，但人们并不了解他，因为他自己都不了解自己。

"你是否相信你了解你自己？"努埃曼向他质问。

纪伯伦的回答是否定的，他的灾难就是他总是像了解自己那样说话。这是痛苦的源头。那本是傲慢的种子，但他却将其当作利剑和铠甲。他的内心掀起了风暴，却以为这场风暴来自外部的力量。他用笔叙述的只是浮在生活表面的残屑，而没有触及平静的内心深处。

纪伯伦在努埃曼到来的几个小时前，还在看自己写过的东西，满眼都是优点。他虽然感觉到了其中的一些难言之隐，但他却不会

第八章　枢桔降临：死神的目光扫视过他的窗前

痛快地将它说出来。他知道痛苦是不好受的。

一周后,《旅行家》杂志刊出了努埃曼那篇评论《暴风集》的文章。纪伯伦从头至尾,仔仔细细地看了一遍。他再一次流泪,他无法抑制那泪水,那泪水就像是他内心深处再也压抑不住的繁杂而厚重的痛苦喷涌而出。他写信对努埃曼说:

米哈伊勒:

　　米哈伊勒,我该说什么呢？你是像将水晶放在镜子里那样来看我的书啊,因此你所看到的要比真实大。这使我内心感到不好意思……我发现你写这篇宝贵的文章时,只看我的未来,不看我的过去,因为我的过去只是一些线,没有成为织物……我发现你用希望的目光看着我,而没有投我以批评的目光。关于我的过去,我十分后悔;与此同时,我却梦想着我的未来,我的心灵中有一股新的激情。米哈伊勒,当你写完你的批评时,若这就是你所希望我做的,那么,你就成功了。

　　……米哈伊勒,十分抱歉,下周之前我是不能回到纽约的,因为我被这座可恶的城市里的一些生活难题困扰着;如若不是这些难题困扰,我和妹妹两周前就到郊外去了……

哈利勒

这封信说出了实情,努埃曼在同他的多次谈话中,看到了他的将来，看到了新生活的黎明。尼采在他内心激发出的风暴，曾将他从东方的土壤中连根拔起，使其悬浮于天地之间。但纪伯伦用生活的美和理智，遵循着永恒的意愿，排斥了哲学信徒的灵魂，寻回了他原始的灵魂，将它从坟墓中掘出，将一切更新复始。

而那个自从失去母亲、哥哥、妹妹后，就一直挂在他脖颈上的贫穷项圈，如今已变成了金色的。纪伯伦不愁衣食住行和日常所需，他几乎每个月都能从银行取得一笔稿费，而玛丽还照旧每月寄来75美元。渐渐地，在他的工作室里，昏暗的煤油灯光被电灯光代替，简陋的木炭炉也换成了煤气炉。纪伯伦自青春时期就一直梦想着荣誉与骄傲，而在时隔10多年后，他终于尝到了它们的甘甜滋味。

回到纽约后，纪伯伦在"笔会"开会时决定，收集成员的散文、诗歌，汇编成《笔会诗文选》出版，以提高"笔会"在阿拉伯语世界的影响力，开始了紧张的忙碌。

10月，他们去了"笔会"成员黎巴嫩诗人拉希德·艾尤卜家里聚会，努埃曼因身在外地做其他的工作没有参加。这位挚友刚刚离开自己一周，就让纪伯伦想念得不行，他聚会归来，立马连夜动笔写信：

米哈伊勒：

每当我想到你像一家商户的代表辗转奔波在各地时，我就觉得有一种痛苦缠心。但我知道，这种痛苦是旧哲学的残余，今天，我相信生活，相信生活所带来的一切……

我们在拉希德家聚会……不过，我们度过的夜并不完整，因你不在我们中间！

《笔会诗文选》的材料在精神上已经备足，口头上也安排妥当……米哈伊勒，快回到我们中间来吧！到那时，你会发现我们与你所想的一样。

哈利勒

纪伯伦在文坛刮起的这场风暴还未平息，情场上的风暴又起。他发现梅娅在信中开始变得冷淡，他明白其中的原因，他现在同时爱着两个人，一个近在咫尺，却永远无法步入婚姻的殿堂；另一个有机会步入婚姻的殿堂，却远在天边。他只能用他有力的笔，去平息这场更猛烈的风暴。

病魔叩窗的初春

　　1921年新年第一天，纪伯伦为朋友们送去了新年祝福。但不久，他收到玛丽的私人医生的来信，得知了玛丽生病的消息。一周后，纪伯伦去波士顿看望她，玛丽已基本恢复了健康。他抱怨她，为什么不注意自己的身体？不过他自己也没有做到，他们很快就"同病相怜"。

　　回到纽约后的一段日子里，纪伯伦在写作时，时常感到心脏发颤，有时会很强烈，但他没有在意，继续忙碌着。

　　那年春天，努埃曼回到纽约去看望纪伯伦，他们一起上楼梯时，纪伯伦突然感到心脏剧烈颤抖，他停在原地，紧紧捂着胸口。努埃曼在一旁慌了神，正要找人去叫医生，但纪伯伦突然间又恢复了过来。努埃曼强行搀扶着他回到房间，焦急地询问纪伯伦这种情况持续多久了。纪伯伦坦白地告诉他，最近每天都会在某些时候发生这样的情况，有时会使他呼吸急促，无法上楼。努埃曼要带他去

第八章　柩梏降临：死神的目光扫视过他的窗前

看医生，但纪伯伦固执地说，他憎恨医生，不相信医生，说了一大堆散文诗一般的词汇描述医生的不可信。他又说放不下自己的工作，无法停止绘画和写作，尤其是还在摇篮里的《先知》。

努埃曼知道纪伯伦的固执，他是吃软不吃硬的。努埃曼还是决定先缓和他的情绪，和纪伯伦说了他昨晚做的一个梦，但没有讲细节。他们便开始谈论梦的种类。努埃曼向纪伯伦讲了自己多年来做过的梦，它们至今清晰地留在记忆中。他给纪伯伦解释了那些梦的象征意义，以及那些梦如何成为他生活中的路标。

纪伯伦听完觉得很有趣。他自己也讲了一个梦，一个每当自己想起时，就会浑身颤抖的梦：

"我看到我坐在一个大河渡口中间的礁石上，水花四溅，巨浪翻滚，两岸毫无人迹。我不谙水性，但我却不惧怕河流的汹涌。我感谢上帝，因为我正在咆哮着的大河中央。我奇怪我是如何去到那礁石上的，我思考着如何回到岸上。在我遐想之际，一条可怕的大蟒从河中游出来，爬上了礁石。我无力反抗，被它一圈圈地缠住，致使我呼吸困难，我用尽了所有力量呼救。正在此时，我惊醒了。"

努埃曼问纪伯伦如何理解这个梦，纪伯伦说可以按照他的理解去解释，就像他所说的一样，在梦中能看到自己生活的象征。努埃曼认为："礁石就是在世界生活的潮流中固定存在的事实……而那从河流中游出的蛇就是纪伯伦的世俗爱好。"

如果按努埃曼所说，那么，纪伯伦的爱好就毁坏了他灵魂的安宁，他的爱好就扑灭了其工作和言论相协调的愿望及将表面的自己与内心的自己统一的愿望。

在努埃曼临行时，纪伯伦告诉他，自己会抽时间去医生那里坐坐。努埃曼没有说话，带着无奈的微笑走下了楼梯。

几天后，纪伯伦在医生那里得到了一个让他无法做到的建议——不劳动、不工作，静养至少3个月。但是，《笔会诗文选》的事情，让纪伯伦只能对医生的建议置之不理。那年夏天，在"笔会"成员夜以继日的忙碌之下，《笔会诗文选》终于出版。《笔会诗文选》的出版为"笔会"掀起了很大的风浪。阿拉伯语地区各国报刊纷纷转载其中的文章，并发表评价极高的评论，"笔会"很快蜚声阿拉伯语世界。

为了庆祝这个成绩，"笔会"成员共同决定一起到乡下度短假。他们在6月底出发，到达了在纽约100千米外的卡宏基庄园。它坐落在一片森林之中，和平、安宁、景色如画。

有一天，他们去看庄园外的一个瀑布，艰难地跋涉到瀑布下方，目光深入到从高处飞流而下的水流的巨大褶皱里，他们想说出对眼前震撼景象的惊奇，但水流声将他们的嗓音淹没。之后，他们坐在一块巨石上，纪伯伦率先起头儿，唱起了家乡的古老民歌：

啊！我们在这花团锦簇的自由之路上，我们是多么热爱你！我们向往着你，但路途遥远我们只得告别。

回去的路上，纪伯伦与努埃曼脱离了"大部队"，走在了后面。他们用英语交流了文学和艺术以及精神方面的问题，仿佛那是只属于他们两人的秘密一般。

第八章 桎梏降临：死神的目光扫视过他的窗前

他们走到大路上时，太阳已经落山，黄昏的影子开始徐行在森林之中。谈话间，努埃曼突然想到一句诗：

"在宁静的夜晚，你听我一曲永恒宁静之歌。"

然后他们开始接续这首诗，最后，他们居然创作出了一首13行的诗：

在宁静的夜晚，你听我一曲永恒宁静之歌。

星星拨开我的双眼，让我看到你那隐约的路径。

你的和风铺作地毯，送我到巍峨的山岗。

夜晚的清新气息摄走了我的精神，把它作为礼物向你馈赠。

让我在这儿自由地漫游，奴隶也向往自由。

我被囚禁的时间何等长久，对人类的状况我难以忍受。

我的心灵对人们的称赞感到厌烦，对人们的礼节也已倦怠。

我的舌头已害怕说话，我的灵魂已酿成一场灾祸。

我的床上铺着荆棘，我的睡眠充满战栗。

我的自信已变得犹疑不定，我的仁爱已变成罪过孽债。

我痛饮美酒来消愁解忧，我的食物却造成精神上的饥饿。

我的衣服是一堆尘埃，一阵大风能扬起我的思念，一种愿望又能激起我的幻想。

我的现状太糟糕，一场鏖战无法遁逃，即使我赢了，我的心灵也已伤痕累累，形同残兵败将。

10天后，纪伯伦与努埃曼等人告别。回到纽约后，他心脏的毛病再次发作，而此时努埃曼已经离开纽约。他真的担心自己会孤独地在那个屋子里与上帝会面。无奈之下，纪伯伦决定去波士顿调养，虽然他不想麻烦玛丽，但是他别无选择。

回到波士顿后，纪伯伦被玛丽不断地安排医生做检查。在疗养院住下后，他向努埃曼汇报了在波士顿"痛苦"的经历：

米哈伊勒：

　　自从我来到这个城市，我一个接一个地看了专科医生，一次又一次地进行了详细又详细的检查。所有这些，都是因为这颗心脏失去了它的节律和韵脚。米哈伊勒，你知道这颗心脏的节律绝对与别的节律不同，而韵脚绝不似其他韵脚……米哈伊勒，没什么，注定的事必定要发生。

　　我离开纽约时，我的行囊里只放着一本《先知》和几件衣服。我的那些本子，仍然存放在那间寂静房子的角落里……按医生嘱咐，我必须抛开一切脑力劳动。但是，假若在未来的两周，我的感官"渗"出一种什么东西，我将会取来我的"海绵"，将之吸收。

　　我不知道我何时才能回纽约，医生们要我完全恢复健康之后再回去……因此，依我之见，你可以把"笔会"的一张没有我面孔的图片寄到大马士革去……不过，如果纽

第八章　桎梏降临：死神的目光扫视过他的窗前

> 约的"笔会"必须完整地出现在大马士革的文学联合会面前的话，那么，就请纳西布或你从《疯人》或《先行者》中摘译一段，你看如何？……兄弟，你可知道这种疾病必定会使《先知》的出版推迟到猴年马月了吗？
>
> ……请在我的"笔会"兄弟面前提及我的名字，就说我处在夜雾之中，但我对他们的钟爱并不亚于在青天白日之下……
>
> 哈利勒

夏天时，纪伯伦曾收到梅雅寄来的照片，那是他第一次也是唯一一次见到梅娅的真容。在纪伯伦看来，那是个"长相甜美的小女孩儿"。纪伯伦对梅娅更加有好感，她让纪伯伦的那颗心回到了17年前那个青涩的时期。他在信中赞美梅娅："假若我在1904年能见到你，我定当断言：'这前额之后蕴藏着一种异乎寻常的力量，白日必将显现；这口中含着无数支歌，黑夜必将之唱出。'"

在得知纪伯伦生病的消息后，梅娅焦急万分，她恨不得生出一双翅膀飞到大洋彼岸。但无奈，她只能用书信载着自己的心语，将关怀传到所爱之人的身边：

> 亲爱的纪伯伦：
>
> ……对我来说，你就是那个陌生人，你就是我的知觉意识；不论你怎么看，在我心目中，你是父亲，是兄长，是同伴，是朋友；我呢？不管我如何，我是母亲，是妹妹，是同伴，是朋友。

来自你心理上的调节还不能满足我所需要的来自你心中的机械性调节。因此，我甘愿把我强健的心交给你来调节。如今，我是站在山峰顶上的人，父亲交给了我一个王国，这里有一种躯体上的抗拒性，你尽可将这一切拿去。啊，我在这里呼吸时，放满了吸气的节奏，以便把大海和大自然的力量吸入我的体内，然后用力将之呼给你，好让你凭之除病，让你康复，强健起来！

　　和我谈谈你的健康状况吧！把你的心率和医嘱告诉我。要让我像你的一位亲人一样了解你的详细情况。请告诉我，你的白天是怎样安排的？我希望你吃一些补药……千万不要过度劳累，切记！

梅娅

　　收到梅娅的关心，纪伯伦觉得病已经好了一半儿。于是，为了心中所爱，为了挚爱的事业，他下定决心要夺回自己的健康。就这样，那年整个冬天，纪伯伦都留在波士顿养病。

　　1922年初，纪伯伦的身体状况有所好转，但医生要求他再休息一段时间，玛丽和玛尔雅娜也不同意他马上回纽约，纪伯伦也只好"认命"。

　　2月的一个清晨，纪伯伦收到了努埃曼的电报。努埃曼询问了他的健康状况。而此时，纪伯伦已经两个月没有写作和绘画，精神到了崩溃的边缘，他想念他的笔，就像吸毒者渴望鸦片那样强烈；他想念与努埃曼一起谈论灵魂与艺术问题的美好时光，就像一个留守的妇人渴望战场上的丈夫平安归来一样。而现在，他只能用文字向他的挚友发泄自己内心的愤懑：

米哈伊勒：

切莫说我已经爱上了波士顿的气候，也不要说我已向安逸屈服，因而忘记了纽约，忘记了纽约的同事和在那里等待我完成的工作和应尽的义务。上帝知晓，在我过去的生活中，从未经历过上个月那样的时光。那样艰辛困苦，难题此起彼伏……自打我来到这座偏邪的城市，我便进了人间地狱。若不是这里有我的妹妹，我早就离弃这里的一切，回到我的"禅房"……

下周三是"笔会"聚会之日，我绝不会忘记。但是我却力不从心，怎能奈何？我希望你们聚会，做出有益的决定，说我两句好话。因为这些日子里我十分需要朋友们的祝愿……兄弟，向你致敬，向同伴们致安。上帝保佑你做你兄弟的好友。

哈利勒

春天，纪伯伦收到一个噩耗——他们的好兄弟，纳西布的同胞弟弟萨巴走了，永远地离开了他们。这使纪伯伦受到了很大的刺激，因为他对于失去身边人的经历充满了恐惧。他体会过那种难以忍受的煎熬感，每经历一次，都是心灵的"浩劫"。

纪伯伦在给努埃曼的信中沉痛地悼念了这位兄弟："……我知

道，他已经步入康庄大道，已经到达了安全地带，不再受到我们所受之苦，而且知道他已经得到我们日夜祈盼的结果。我知道那一切，虽然如此，奇怪的是这种知晓却抹不掉徘徊、摇摆在我心与喉之间的悲伤与痛苦……萨巴曾有许多愿望，但他的愿望未等开花，梦想还未结果就一去不复返了……"

一周后，纪伯伦被允许出院。他以为终于可以回到自己的世界了，但医生的嘱咐，让他的心情从天堂一下子跌入了地狱——出院后，他还要继续休养至少两个月时间。于是，他与玛尔雅娜在海边租了一间小茅屋，他将在那里度日，直到心脏恢复健康为止。他再次气恼地向努埃曼抱怨：

米哈伊勒，我不应该回纽约。医生已宣判我必须隐居，远离城市和文明……我想在这个夏季之前见你一面，但不知何时何地、怎样才能见到你。无论如何，请你妥善安排一下。

……米哈伊勒，我要说未来将把我们限定在坐落于黎巴嫩某一山谷的谷梁上的某个"禅房"里。这骗人的文明把我们的精神之弦绷得太紧，几乎要断开。因此，我们在那根弦断开之前，应该逃离。不过，我们还应该隐忍、耐心地留下，直至逃离之日来临……

由于工作原因，努埃曼没能在夏天之前与纪伯伦见面。纪伯伦又在煎熬中度过了两个月。

光临大洋彼岸的"先知"

萧瑟的秋天来临,纪伯伦终于告别波士顿返回纽约。而努埃曼在11月才回到纽约。他进屋时,纪伯伦正握着铅笔画头像。那屋子里摆放着好几张名人头像,有罗丹、泰戈尔、英国作家曼斯菲尔德、瑞典作家斯特林堡等。纪伯伦让努埃曼坐在椅子上,说想为他也画一张。

努埃曼满足了纪伯伦的要求。纪伯伦对他说,大概两个小时就可以结束,如果累了可以休息一会儿。纪伯伦端详了努埃曼片刻后,拿着铅笔走向了三脚架,他忽而将头隐于画板之后,忽而将目光落到努埃曼的脸上。然后,他离开三脚架一点,审视努埃曼和画板一会儿,又埋头去修改画板上的头像。最让努埃曼钦佩的是,纪伯伦能一边口若悬河地说话,一边笔走龙蛇地作画,有时甚至在自言自语。

他第一个话题谈到了为女人作画,他说凡是替女人作画,从不感到倦怠。她们很少有对画表示满意的，他按照眼见的形状画出来，再用线条加以适当地突出。她们都期望他画出最美的维纳斯，即使她们自己并不美，似乎他的职责是使她们变得美丽……

然后，他开始完全不理会努埃曼地自言自语，他说每一种艺术都在描绘艺术本身，艺术是数不清的分子组成的。一名合格的艺术家能够用眼睛看到它……至于照相机，则在多方面是个瞎子。若不是这样，它就可以取代艺术家的位置了。但它不能，机器永远取代不了人的位置。

片刻，他又回到现实，继续与努埃曼说话，他说必须离开美国，不了解这个国家的人很可悲，这里没有最珍贵的东西。在这里获得一些小名气的人最可悲，因为那人已变得像一把拖布，就像他自己一样。

终于画毕，那张比照片还要真实的画像，让努埃曼吃惊不已。但纪伯伦没有停止他的声音，他继续着"自己像一把拖布一样"的话题。他说想回黎巴嫩去，那里更适合静修。纪伯伦记得在卜舍里郊外有一座废弃的修道院。它坐落在一个山谷里面，那里有一些古老的葡萄藤蔓，前面还有斜坡地，是个极其幽静的地方，他已经授权一个黎巴嫩的代理人为他买下了。他邀请努埃曼一同去那儿。努埃曼马上答应，并说明年春天就动身。但纪伯伦却犹豫了，他又说美国还有许多关系，不应该在一两个月内割断它们，其中包括他的《先知》。

努埃曼摇了摇头，他告诉纪伯伦，只要他继续留在这里，关系就会层出不穷。可纪伯伦坚持说他一定会去。但纪伯伦不会知道，命运最终并没有给予他这次行程。他将在这个没有最珍贵的东西的地方，走完他的一生。

1922年的圣诞节，纪伯伦回到波士顿与玛丽一起度过。两人于次年开始做《先知》的翻译工作。

1923年秋天，《先知》出版在即，纽约一些听闻消息的文学协会、集团、俱乐部和沙龙等相关组织相继邀请纪伯伦去朗读诗歌。纪伯伦本来是不理睬这些组织的，甚至以轻蔑的态度对待来访人。但出版人写信给他，提醒他要抓住到人群中的机会，因为作家的名字一旦被人们宣传开去，其著作也会比较畅销，作品是需要"鼓吹者"去宣传的。得知这些后，纪伯伦只好屈服，去各个俱乐部朗读了《先知》的几节后，这部充满智慧与真理的宝典才横空出世！

充当《先知》最大的"鼓吹者"的当然是《旅行家》杂志。《先知》出版后不久，《旅行家》杂志就刊发了一篇有关《先知》的消息："人们在纽约的教堂里使用了这本书。"于是，很多人相信《先知》会变成美国神圣的教会用书。

事情的真相是这样的：在纽约有一个教堂，是当时城市中最激进的教堂。那里有一位名叫威廉·格斯里的牧师，他在对神的崇拜上有奇特的看法，认为教堂的礼仪还不能满足人们在这个玩乐花样繁多的时代的生活需求。人们对宗教礼仪敷衍了事，因为它与时代精神相比较，太过于呆板、苛刻。因此，他觉得应该把教堂变得和剧场差不多，在那里要有歌舞、有诗歌、有演出……于是，他按照自己的想法，安排了诗剧表演，剧本就是《先知》中的部分章节。尽管表演很拙劣，威廉·格斯里也受到了大主教的谴责与新闻界的反对，但教堂里仍然挤满了"祷告者"，他的名气响遍全美，《先知》也借此得到了光辉。

《先知》并不是靠宣传取胜的一本书，它靠纯净甘泉般的思想和猛烈燃烧的想象，得到了广泛而众多的回声。纪伯伦懂得怎样使它枝繁叶茂，如何将其根植到人类的生活土壤中。在《先知》走向世界之后，他深舒一口气，在心底呼喊："我终于把它道出来了。"纪伯伦用言辞道出了灵魂中的精粹，揭示了生活的本质。他明白生活是普通的，也是唯一的。所有单一的、集体的、时间的和地点的标准，都被他击得粉碎。生活是汪洋中的一滴水，是沙漠中的一粒沙。它没有定规，即使最小的细节也是如此。这就是纪伯伦对生活本质的理解。

尼采塑造了查拉图斯特拉的形象，他是先知，被作为尼采思想的传声筒。而纪伯伦塑造的先知被称作"穆斯塔法"。尼采的查拉图斯特拉作为一个陌生人行走在人间，向人们传播他的思想。但当他感到劳累倦怠时，他渴求隐居，于是，他离开人们，回到了他的幸福之岛。而纪伯伦的穆斯塔法向人们宣讲了他的训诫，然后离开人们，回到了他的诞生之岛。

正如查拉图斯特拉就是尼采的"化身"一样，穆斯塔法也是纪伯伦的"化身"。正如《先知》的第一章所写：

船的来临

被选和被爱的艾勒·穆斯塔法，当代的曙光，已在奥法里斯城等候了十二年，期待着他的航船前来迎他返回自

第八章　桎梏降临：死神的目光扫视过他的窗前

己的诞生之岛。

时值第十二载……他登上没有城墙阻隔的山岗，眺望大海；他看到他的航船正从雾霭中驶来。

……

他行至山脚，再次面向大海，看到他的航船已驶进海湾，船头的人是来自故乡的水手。

……

行走间，他远远地看到男人们和妇女们离开了农田和果园，纷纷拥向城门。

他听到他们呼唤着自己的名字，在田野间奔走相告航船到达的消息。

……

其他人也走上前去挽留他，但他没有作答。他低头不语，身边的人看到他的眼泪坠落到胸前。他与大家一起走向圣殿前的广场。

一位名叫艾尔梅特拉的女子迎出圣殿，她是一位预言家。

他用无比温柔的目光看着她，因为正是她在他到达这座城市的第一天就追随他，相信他。

她向他致贺，说道：

"上帝的先知，为了寻求终极，你很久以来一直算计着你的航船的行程。如今船只已到，你必须离开了。"

……

"不过，请你在离开之前对我们谈谈，为我们言说真理。"

　　"……请向我们披露自己，告诉我们你所知道的生与死之间的一切。"

　　他回道：

　　"奥法里斯城的民众啊，除了此刻激荡于你们灵魂中的事物外，我还能说些什么呢？"

不难猜透，奥法里斯城，这个令穆斯塔法感到陌生的城市，无非就是美国这个陌生的国度。而追随他、相信他的艾尔梅特拉，无非是玛丽。他想回去的诞生之岛无非是黎巴嫩。

话语从口中说出，才能成为自己的证言。纪伯伦在《先知》中用几乎完美无缺的方式，提供了关于他自己的证言。他不再憎恨人们，他终于明白了自己也是人们中的一员；他不再想占有东西，因为所有东西都是为了他而存在；他不再逃避痛苦，因为他选择了解脱之路；他不再定别人的罪，因为他已将自己定罪；他不再渴望荣誉，因为他已看清那只是虚幻之物。

纪伯伦用《先知》讲述了自己的心，他的文字是真实的，并非虚幻。

恍如梦境浮浮沉沉

1923年5月，出版商尤素福·托玛·布斯塔尼在埃及为纪伯伦出版了阿拉伯文散文集《珍趣篇》。这本书里纳入了曾经被他的家乡拒之门外的那篇《你们有你们的黎巴嫩，我有我的黎巴嫩》。

此书一出版便在阿拉伯语地区引起了轩然大波，很多书店卖断了货。于是，一个月后，《珍趣篇》又加印了一版。

就在纪伯伦收获颇丰的时候，美国建设楼房的浪潮方兴未艾。那时，人们经常会听说有人花1000美元买下一栋房子或一块地皮，就能在第二天以2000或3000美元的价格售出。于是，在玛丽的鼓励下，准备投资实业的纪伯伦也卷入了这场投资潮流。他与叙利亚人法利斯·马鲁夫合资买下了波士顿的一幢房子，他们只付了1万美元的定金，赊欠了4万美元。于是，两人发布了租房广告，很快有一位女士找到了他们，想租下那幢房子办成妇女协会中心。

她同意出的房租，可以让他们几年内就还清赊欠的房款并获得利润。纪伯伦认为财富近在咫尺，唾手可得。他从那即将收入囊中的财富中看到了得到经济独立的希望。

事情并不像想象中那么顺利，短短几个月后，那位女士就因为组织协会失败而交不出房租了。那幢房子已经被装修成只适合协会一类单位使用，以至于他们很难找到下家租客。他们钱财耗尽，所有的付出都灰飞烟灭。

失落的纪伯伦从波士顿寄信给挚友努埃曼，诉说他的惨痛遭遇：

米哈伊勒：

……上帝知道，我没有安排好自己这几个月的生活，以上个月为例，它充满了艰辛、灾祸、困境和难题。我已经多次自问，怎么'我的女精灵''我的部下''我的夫人'突然都幻化为魔鬼与我作对，在我的面前堵上门，在我的路上设置障碍……要不是为了我的妹妹，我早就丢下所有东西，返回我的修行处……

但有一些事强迫我不得不在这座城市多留10天，你不要牵挂我所写的或者是我所吟诵的和将要吟诵的东西。有一些愚蠢而累赘的事务塞满了我的心，它们用锉刀一般的铁手揪住了我的灵魂……

哈利勒

这个打击耗尽了纪伯伦在漫长岁月中，以刻苦和努力所积攒下来的钱。它彻底摧毁了纪伯伦的力量，搅乱了他的思想，关闭了他的灵感之门，也使他的病痛加剧。但纪伯伦并没有绝望，他用极好的耐心和理智对待这个挫折，他明白自己必须要重新制订让自己经济独立的计划。于是，他放下了写作，拿起了画笔，他打算靠卖画来弥补损失。

身在东海岸的萨凡纳休养的玛丽得知了这个不幸的消息后，回赠了纪伯伦之前赠予自己的几幅画，每个月仍旧寄去75美元。而纪伯伦在此后的一段时间里，没有出版过任何著作，那是一段漫长的静默。作为作家，他不愿让人们忘掉他，他还活着。

在终于摆脱了危机后，他仍旧对那笔损失心有余悸。于是，他又回到了文学和美术的世界。但让纪伯伦回本儿的并不是他的字与画。而是在那不久后，纪伯伦买下了他在纽约所居住的公寓的40股股票。这一次，幸运之神眷顾了他，他大赚了一笔，基本上等量地补偿了他在波士顿的损失。

萨凡纳城的玛丽一直寄住在友人弗洛伦斯·米那家中。玛丽熟悉那座城市，也留恋那座城市，她感到那里的居民们可敬可亲，心地纯洁。那里的生活与波士顿完全不同，它比波士顿更加温文尔雅，她在这种文雅、美好的气氛中，常与人交往，与关系密切的朋友互访。但她心中不无惆怅，因为自己的灵魂思恋着纪伯伦的灵魂。

那段时间里，玛丽曾与弗洛伦斯一起到美国各地旅行，弗洛伦斯对玛丽的好感日渐增多，他抑制不住内心的冲动，向玛丽求婚。玛丽婉拒了，但不同于拒绝纪伯伦时的心情，她只是感到吃惊和迷茫。弗洛伦斯是个善良的人，也很优秀，但玛丽心门上仍有纪伯伦这个门闩。她无法轻易打开自己的心门。

1924年夏天，在两人见面时，她将这件事告诉了纪伯伦。纪伯伦告诉她，要控制自己的理智，按照自己的内心和本意行事。但如若她的心愿意迈出那一步，那就那样做吧！纪伯伦不知道自己是以什么样的身份对玛丽说这些话的，他与玛丽已没有进一步的可能，又保持着极其亲密的关系。他清楚一点，玛丽应该是自由的，可以有她自己的选择。

玛丽若有所思地说，她相信有来生和转世。纪伯伦说，他相信他们以前曾经活过一生或更多。他总是在深思一件事，也许几千年前他就已经认识了玛丽。

接着，纪伯伦又和玛丽谈到了人与人之间的关系，他觉得两个人之间的关系，不能是一个人占有另一个人。因为每个灵魂都是不同的。

最后，他们谈到了永远也不会涉足的婚姻。纪伯伦告诉玛丽，如果女人对男人说，把她自己全部献给他，那是毫无益处的谎言，那是提醒男人记住自己的责任！男人说，他把她包容在自己的心里，那是为了让她记住自己。

玛丽倾倒于纪伯伦新奇不凡的思想，纪伯伦的心中也爱着玛丽。但纪伯伦给了她自由选择婚姻的权利，那也是她本就该有的。但纪伯伦也许太过于相信自己的魅力，没想过玛丽真的会做出令他意想不到的选择。

第九章 黎明过后：在高光下暗淡的恋情

波士顿风景

纪伯伦能够洒脱地让玛丽自由选择婚姻，原因无外乎还有梅娅。从两人频繁的书信中，纪伯伦确信梅娅对自己的感情是真实的，而且日渐深厚。每当纪伯伦超过半个月不写信给梅娅，他就会收到梅娅的"催信"。

那年冬天，纪伯伦开始创作《沙与沫》，沉溺于文字中的纪伯伦时常忘记给非洲的女友写信。于是，11月的一天，他收到了梅娅的一封"催信"：

亲爱的哈利勒：

……我渴望看看他那漂亮的书法，渴望抚摸他的信纸，听到他的消息。我本想带给他争吵、责备，可最终只找到了感谢、同情和思念的词语。

今天，阳光灿烂，宇宙最光辉的存在——太阳在微笑着。啊，究竟是什么原因使"穆斯塔法"把他非洲的女友梅娅忘记到这种地步？给我写信吧！不要夺去我得到你的同情、怜悯的权利！

……

  我将到你那里无数次，就在这样的时节。我将在你的保护下逗留，求得因你的出现而到来的快乐。纪伯伦，你准备摆脱繁忙的工作和自娱来迎接我了吗？哪怕只有几分钟。你能单独给我一点儿时间，不涉及他人他事吗？
  我将思念着你，尤其是在你的生日时。我将像空气一样，整天照拂着你，我将和你一起过令我心满意足的生活，伴随着最纯洁的想象，最快乐的画面，最高尚的愿望，最热烈、最朴素的祈祷。清晨，我将向你道一声早安，将向你求得第一个微笑……你能给我吗？

梅娅

  如果是一个不知情的人看到这封信，一定会觉得，这是一对热恋中的情侣。可事实上，他们却是从未见过面的知己，他们用文字累积了10多年的感情。那是一种执着、真实的灵魂交流。纪伯伦明白一切，他开始在信中更加直白：

梅娅：

我可爱的小娃多甜，她每次祈祷时都会想起我。她多甜，她的心多大，她的灵魂多美！

……难道你不记得，轮到你写的时候，你却没写？或者你不记得，在夜神拥抱大地之前，我们便彼此相约拥抱和解与和平？

你问我的情况，问我的想法，问我忙些什么事。我的情况，就像你的情况，与你一模一样的情况。至于我的想法，则仍然在一千年前你我相会的雾霭中。至于我这些天来所忙的事情，则有些杂乱无章，都是些像我这样的人必须超越的事情，无论我自己愿不愿意。

……

但是，尽管如此，我的大部分时间还是用于绘画。有些天，我口袋里装着小本子，跑到遥远的旷野上。有那么一天，我会把小本子上的一些东西寄给你。

……

梅娅，我每日每夜都在想你。我常常想念你，每一次想念中都有些许甜味，也有些许苦涩。奇怪的是，每当我想你时，便暗自对你说："你来呀！把你的一切忧愁都倾泻在这里吧！倾泻在这里，倾泻在我的胸膛上……"

我吻你的右手掌一下，再吻你的左手掌一下，求上帝保佑你，为你祝福，让你心中充满光明。我求上帝让你做我最怜爱的人。

哈利勒

第九章　黎明过后：在高光下暗淡的恋情

第二年春天，纪伯伦在一次诗会上结识了女诗人芭芭拉·扬，这位年长的女诗人很欣赏纪伯伦在文学上的独特天赋和卓越才能，他们很投缘，纪伯伦甚至将他与玛丽的事情告诉了她。两人开始密切来往，经常共同出现在一些俱乐部或协会的活动上。

不久后，纪伯伦的健康再次受到威胁，他不得不再次停止工作。夏天，纪伯伦病愈后去了波士顿妹妹家，并且经常去大自然景区游玩。他觉得自己应该靠近自然，那里有健康可寻。因为那时，健康对于纪伯伦来说胜过一切，没有健康他就无法继续工作，他不想让《沙与沫》沦为残卷。

7月初，格言集《沙与沫》的阿拉伯文版文稿完成，纪伯伦准备译成英文，但此时他的好帮手玛丽不在波士顿，远水救不了近火，他决定尝试自己独立完成。于是，纪伯伦回到纽约，他刚刚在住所站住脚，就收到了玛丽的来信，得知玛丽正与弗洛伦斯在西部旅行，并且在途中，弗洛伦斯再一次向她求婚，她再次婉拒。

纪伯伦觉得他已经亏欠了玛丽太多太多，既然玛丽不需要自己当终身的"奴仆"来报答，那么，他就应该给她选择幸福的机会作为回报。于是，他仍旧告诉她，遵从自己内心的决定，她有选择婚姻的权利。他开始在信中变得洒脱自然，以一个挚友的口吻发言：

亲爱的玛丽：

我为你的高兴而高兴，为你的乐观而乐观，为你的欣喜而欣喜。正如你所说的，你的日与夜充满了欢乐，但是，像我想象你那样，我却是一个从生活那里借贷的远远多于生活所给予的人，因为你给予我的已经太多。

我们这些在纽约的人正与酷热做斗争。乡村里的热是绿色的，而城市中的热却是灰色的。

玛丽，我恳求上帝让你不断发现令你的心感到快乐、宽慰之事，常常生活在幸福乐园之中。

我与你必相待以诚，推心置腹。

哈利勒

那年夏天平静地过去，这位伟大的诗人继续忙碌着他的《沙与沫》。诗人也是普通人，他浑然不知将来所要发生的一切。

飞沙的自由与泡沫的轻柔

　　1926年初,纪伯伦久违地回到"笔会"的总部——《旅行家》编辑部。一进门,他发现同事们没有像从前那样笑脸相迎,而是满面的悲伤、苦闷和困惑。纪伯伦心里立刻翻起了不安的浪。他将努埃曼拉到一旁低声问:"出了什么事?"努埃曼拉着他的手,走进了他们对面的一个房间,悄悄地递给他一份一个多月前的《艾利福·巴厄》报,指给他上面一篇作者署名为伊本·穆阿坦茨的诗歌。纪伯伦读后觉得那首诗似曾相识,突然,他抬起头,一脸疑惑和迷惘的为难表情。那首诗他在这个月要出版的《旅行家》"专号刊"上看到过,作者是"笔会"成员拉希德·艾尤卜。他很不解拉希德·艾尤卜为什么会一字不差地剽窃他人的诗歌,又或许是他以别的笔名早些时间投给了《艾利福·巴厄》报?

　　努埃曼告诉他,拉希德与那报纸之间没有任何联系,另外,拉希德知道这个月会出专号刊,他应该把新作品投给《旅行家》。

纪伯伦明白，专号刊出版在即，如果读者看到这样一篇剽窃的作品，"笔会"会染上难以洗净的污秽。可是专号刊已经在印刷，无法将文章撤下。纪伯伦便建议在杂志出版后，让排版编辑迈西赫出面说明他印错了名字。可努埃曼否决了这个提议，说那就像是用手去擦掉身上的墨水一样，只能让它更严重。

纪伯伦陷入了长久的沉默，他强大的想象力，在此刻派不上一点儿用场，绞尽脑汁也毫无头绪。他用求援的目光望向努埃曼，希望他最信赖之人可以帮"笔会"逃离这场"灾难"。可努埃曼摇了摇头告诉他，只能选择开诚布公，然后由他这个会长去向拉希德讲明一切，并承担相应的责任。努埃曼找来了排版编辑迈西赫，他也同意努埃曼的说法。纪伯伦被逼得走投无路，他一言不发地从椅子上站起来，走向"笔会"成员聚集的房间，拿起自己的手杖和礼帽，想不告而别。

这时，拉希德的笑声拉回了纪伯伦的脚步。紧接着，努埃曼和迈西赫都笑着走进房间。纪伯伦突然明白了，他从一开始就被装进了圈套里。

事实是，那张报纸是一张有漏印空白的残报，迈西赫将拉希德那首诗改了作者印了上去，之前到场的每个人都被他这样骗了一通。

纪伯伦笑着向他们怒吼："你们这群倒霉的家伙，你们已经使我减寿10年！"

这个玩笑，令他的挚友努埃曼终生难忘。只是努埃曼绝想不到，纪伯伦会真的应了他自己的"预言"。

第九章　黎明过后：在高光下暗淡的恋情

作家是个要不停说话的职业，他们每写完了一章一节，就要接着构思另外的章节。作家工作的理由是他们有新的思想见解要向人们展示，即使很不情愿，也会被人们怂恿着去做。《先知》几乎耗尽了纪伯伦全部的心血、全部的思想和全部的艺术创作才能。但只要作品流传下去，他就又开始考虑别的创作。

纪伯伦整理完自己各个不同阶段的格言，又添加了一些内容后，汇集成了一本小书——《沙与沫》。独立完成这本书的翻译工作，耗费了他很大的心力。这是一部封藏着大智慧的宝典，那些格言虽然只有一把沙、一捧沫般轻小，但却有金银一样的重量。这些"沙"与"沫"沉淀于纪伯伦的心底多年，终于现于人间。就像纪伯伦在序言中所写的那样：

这本小书并不比它的书名《沙与沫》——一把沙子、一捧泡沫拥有的更多。

尽管我把思想的底蕴混入了它的沙粒，把灵魂的汁液搅进了它的泡沫，但是它，将永远更接近海岸而非大海，更接近有限的思念而非无限的相聚。

在每个男人和女人的心中，都有些许沙、些许泡沫，只是我们当中有些人不愿揭示自己的内心，有些人则羞于披露。至于我，倒不羞怯。因此希望你们原谅我、宽容我。

在《先知》之后，纪伯伦长达三年没有再出过一本书，而《沙与沫》无疑填补了这个空档，重新点燃了他的笔尖。

纪伯伦曾与努埃曼说，《先知》只是个序言，他在《先知》里诗意地畅谈了人与人的关系。而后他的脑中又有了另外一本书。他要在那里道出人类与自然界的关系，将之称为《先知园》。他还要在第三本书中表明人类与上帝的关系，将其称为《先知之死》。这三本书将构成完整的一体。

纪伯伦向往飞沙的自由，于是，他在稿纸上畅所欲言，甚至调侃上帝。而他的心像泡沫一样轻柔，只要受到一丝的打击就会倾泻出不安的文字，他写过的所有诗文就是最好的证明。

爱情已死，友情长存

纪伯伦在被"欺骗"后不久，就去波士顿看望玛尔雅娜。在波士顿待了几天后，纪伯伦的牙齿不幸感染发炎，不得不去看牙医。其间，他收到了玛丽的来信，玛丽告诉他，她的身体状况已经恢复，幸亏弗洛伦斯的照顾，她过得很好。纪伯伦也将自己的现状告诉了玛丽：

亲爱的玛丽：

我手持玫瑰花和香草向你致以问候。你的信在我的心中播撒了欢乐。我每时每刻都想听你说话，每时每刻都希望对你的状况放心。

我现居波士顿，工作不多，但在牙医那里尝了不少苦头。

我的齿龈遭到病菌侵袭，但我很勇敢，能够忍耐，并不讨厌折磨我的人。

哈利勒

纪伯伦在写这封信的时候，还不知道，这时他与玛丽的爱情之花已彻底凋零，友情之花代其绽放在最后一封信中。因为此时的玛丽已经遵从内心迈出了那一步，接受了弗洛伦斯的第三次求婚。

1926年5月，玛丽与弗洛伦斯步入婚姻殿堂，纪伯伦并没有出现在婚礼上，他没有收到喜帖。可纪伯伦还是知道了此事，没有人知晓他是怎么得到的玛丽结婚的消息。

对于纪伯伦来说，玛丽是一位忠实的朋友，她深信纪伯伦的崇高与大气，这份信任从未动摇过，相反却与日俱增。他也相信玛丽十分赏识自己，并常把自己看作她的精神导师，他的艺术修养在不断地提高。

纪伯伦心知肚明，他从玛丽那里收获的，远远大于他对玛丽的给予。他有时亏待了她，在曾经的一些场景中，在她面前表现得那么固执、呆板。但他相信纯真的感情经得起偶然事件与离别的考验，即使他们迷失方向，疲惫不堪。

纪伯伦曾衷心为玛丽祈求幸福生活，如今，命运已为他兑现了祈求。但在玛丽婚后的日子里，总会突然有一个仿佛来自幽冥世界的声音，在纪伯伦耳边呢喃，玛丽在萨凡纳过上了幸福、舒适的生活，不能再分担他的痛苦与忧愁，亦不能再协助他完成永不间断的辛苦工作。想到这些，他感到灵魂像被撕裂般疼痛。

事实不断地提醒纪伯伦：玛丽与一位高尚的男子喜结连理，一条细带将两人系在一起，除了摧毁他们的生命，谁都休想将之解开。

纪伯伦不断地在心底发问：玛丽幸福吗？她远离那位曾经将宇宙间最崇高的存在指点给她的人，会愉快吗？那要尽社会责任的夫妻生活能合她的胃口吗？是她放弃了精神独处幽居而选择了夫妻生活吗？是她自愿离开了高山、谷地、美梦，而选择了社会义务生活吗？

纪伯伦虽然有些伤心，但欣慰的是，他和玛丽的通信并没有因此中断。两人一直在谈话，两人的思想轮流迁移，盘旋、翱翔。那是两个紧紧结合在一起的灵魂迸发出的狂恋思想，那是两个永远不会分开的灵魂，因为他们还比沙土更高贵。

就在纪伯伦一腔忧愁无人倾诉时，芭芭拉·扬走进了他的生活。他在这位年长的女诗人身上，看到了玛丽的影子，他向她诉说内心感受，谈论他和玛丽谈过的思想。所以，芭芭拉·扬写了一本《来自黎巴嫩的一男子》，向世人道出纪伯伦的一腔才华，以及他和玛丽之间高尚的友情。

那年，纪伯伦在芭芭拉·扬的介绍下，参与印度人苏尤德·侯赛因主持的《新东方学会》杂志的撰稿工作。他也由此结识了许多世界名人，在与他们谈论"大人物"的话题时，纪伯伦讲道，他认为甘地是当时活在世上的最伟大的人物。

在内心的苦楚渐渐释然后，纪伯伦又开始埋头创作。但他没有继续完成之前与努埃曼提过的《先知园》和《先知之死》，而是想到了另一个题目。

在一个炎热的晴天，努埃曼来到纪伯伦家中，看到纪伯伦憔悴了很多。努埃曼当时并不知晓玛丽结婚的事情，但他能猜测到，一定有什么东西在纪伯伦的心里划下了伤口。他不能去触及那伤口，因为它必须自然地愈合才不会留有后患。于是，努埃曼若无其事地问了他《先知园》的进展。纪伯伦告诉他，《先知园》与《先知之死》还在构思中，而耶稣这个话题很早就占据了他的心头。然后，纪伯伦开始肆意摧毁他所看不惯的东西。

他说烦透了那些信仰者，他们不断地谈论、描写、绘制他。他就像个生了胡子的女士，他美丽，但却可怜、软弱、贫穷、温驯、谦卑；他也烦透了那些不信仰者，因为他们总是无头无脑地讥讽耶稣；他更烦透了学者，因为他们拿一些愚蠢的证据和冗长的研究，给人证实或否定耶稣的存在；而神学家更加令他生厌，他们以拙劣的争辩去改造耶稣，把他当作寿衣去遮掩他们的思想和心灵。

最后，纪伯伦道出了他自己的真理：耶稣并不是可以模仿的人，也不是可以崇拜的人，而是和我们一样的人。于是，在接下来的一年中，纪伯伦放下了画笔和其他文稿，潜心构思他称之为《人子耶稣》的巨著。

就这样，在过去的一年里，纪伯伦失去了只开了一季的爱情，但他得到了永不凋零的友情。释然后，他又踏上了自己的"伟大征途"。

希望转身的背影便是绝望

1926年秋，纪伯伦在信中将玛丽结婚的消息，告诉了梅娅。玛丽结婚的消息让梅娅仿佛看到了未来，她开始疯狂地示爱。面对这疯狂的进攻，纪伯伦如以前一样以华丽的辞藻向她倾诉：

梅娅：

……你对我说："你是艺术家，你是诗人，你应该满足了，因为你是艺术家和诗人。"可是，我既不是艺术家，也不是诗人。我在我的字与画中打发我的日子，但我却不在我的日夜之中。梅娅，我是雾霭，我是遮掩事物的雾霭，但不同事物结合在一起。我是雾霭，在雾霭中只能感到我的孤独、寂寞、饥渴。我的灾难在于，雾霭是真实的我。他希望听到有人说："不只是你自己，我们是两个人，我知道你是谁。"

……梅娅，请你告诉我，在你们那个地方，会有人能够并且想对我说:"雾霭啊,我是另一团雾霭。来吧,让我们笼罩高山,充满谷地!来吧,让我们行走在树木之间和树木之上!来吧,让我们淹没巨岩!让我们进入万物之心及其体内!来吧,让我们在无名的遥远之地巡游!"梅娅,请你告诉我,在你们那个地方,有谁想并且能够对我说哪怕其中的一句话?

哈利勒

1927年刚刚揭开日历的第一页,纪伯伦就埋头潜心创作《人子耶稣》。他废寝忘食,不分昼夜地工作。与此同时,病魔正一天天掐住他的心脏。他并不惧怕死神,他害怕自己失去自己的作品,他需要在自己的生命终结之前,向人们说出所有想说的话。

4月,纪伯伦收到玛丽第一次以挚友身份的来信:

哈利勒:

也许我给你写信让你勉强承担了某种忧虑!每一封信里都有那么多问题,我不住地问这问那。毫无疑问,这均出于强烈的愿望——即使这种愿望是贪婪的——这种贪婪与满足相反。我渴望你的画和诗,以便倾听灵魂的回声。

我的第一问:

什么使你烦恼?你到何时才不写作?我求你保护,我求你一有机会便把一切告诉我。

玛丽

第九章　黎明过后：在高光下暗淡的恋情 ｜ 199

　　身在萨凡纳，已经成家的玛丽仍然对纪伯伦怀有思念，她觉得这是一种罪过，是对自己丈夫的背叛。但她无法抑制这种思念，它仿佛停留在她的呼吸之中，让她束手无策。她开始像写日记一样给纪伯伦写信，她会在信上劝纪伯伦去萨凡纳看看那里的春天，在那里过冬，看看那咆哮的大海上漂浮的浪花和灿烂耀眼的阳光。

　　她也会像写散文一样描绘自己的生活：

　　　　阵雨终于停了下来，鸟儿一反冬日迁徙的习惯，没有飞高。半个月来，我们一直在到处游玩，过些天才能安安稳稳地休息。

　　　　在这里，在我们排队停留驻足之地，虫蚁聚集在温暖的地方；若是没有这些虫蚁，人们会从四面八方赶来，尽情舒心怡情。

　　　　这里是虫子的繁殖之地，偶尔看见的蛇令我们大惊……这里人很少，但今天我却来了，遭遇了大失败。

　　玛丽甚至对纪伯伦透露，她依然没有忘记他们的过去。她曾在信里告诉纪伯伦这样一件事：

　　有一位亚拉巴马州的女士来家里做客，玛丽以前并不认识她。在她们用完午餐后，玛丽带她在房子里四处逛了逛，那位女士看见了墙上挂着的画，那是纪伯伦送给玛丽的画。那位女士惊异地说："这幅画使我想起一位画家……他叫哈利勒·纪伯伦，你认识他吗？"玛丽的心神不禁陶醉！往昔的回忆纷纷涌上心头——她仿佛看见了纪伯伦的笑容，看到了他的庄严，看到了他的灵魂。于是，玛丽陪着她进了自己的房间，在那里，让她看到了奇迹。

虽然玛丽仍对纪伯伦怀有感情，但纪伯伦知道，他们关系的最高级注定是挚友，他也只能以一个挚友的身份与她共同回忆、共同祭奠曾经那些难忘的日子。

而另一边，梅娅在继续加紧她的攻势。可渐渐地，梅娅发现纪伯伦变得很平静，信中的语气就像一个已经看淡一切的人：

梅娅：

　　……我发现病中有一种心理乐趣，其影响与其他乐趣不同。我还发现了一种近似于温和的安详感。病人处于一种安全处境中，那里没有争执，没有人的欲求，没有许诺，没有约会，没有交际，也没有过多的话语……我已经发现了另外一种更重要的东西，那就是，我的性情温和程度较我的健康状况更接近于一般性。当我头靠着枕头，闭上双眼，不看周围时，我觉得自己就像鸟儿一样飞翔在山谷和笼罩着柔和面纱的寂静森林之上。我发现自己更接近我喜欢的人们，与他们亲切交谈，毫无愠色，而且能够体会到他们的感情，想他们之所想。他们怨我，却不讨厌我，而是不时地用手指抚摸我的额头，频频为我祝福。

　　……如果我病在埃及，那该多好啊！如果我毫无规律地病在我的祖国，在我所爱的那些人身边，那该多好啊……梅娅，你可知道，我未曾想过要到被人们称作"死亡"的地方去，除非我发现思考中有一种非同寻常的乐趣，觉得十分向往死亡。但我回神一想，想起有句非说不可的话……我告诉你，而且除了你谁也不告诉：假若我在讲出我心灵里的话之前就已离去，那么，我将回来再讲现在像雾霭一样飘动在我灵魂深处的话语。

……梅娅，你觉得这话异乎寻常吗？最奇异的东西，才最接近固有的事实。在人类的意志中有一种巨大的向往力量，能将我们心中的星云变成无数轮红日。

哈利勒

纪伯伦这样的回信，让梅娅很不解。直到有一天，梅娅在信中看见了这样一句话："我的身体状态告诉我……也许很快就会不久于人世，你是我的小公主，我的小宝贝，我怎么能给你幸福呢？"

于是，她懂了……

纪伯伦浇灭了梅娅的满腔热情。随着时间的推移，梅娅也渐渐明白，两人的爱情不可能发展成婚姻关系。而纪伯伦与梅娅的恋情，慢慢升华成一种父女般的情感，他不再闪烁其词了，他的信中，多了一份恬静与平和。

纪伯伦断了梅娅的希望与玛丽没有关系，他察觉到了一丝死神的气息，不敢轻易把爱献给任何一个人。他害怕无法给她未来，反而带给她更多的痛苦和孤独。梅娅的确看到过希望，但那希望没有迎面向她走来，而是转身离去，留下了绝望的背影。

第十章

诗篇结尾：诗人的最后时光

福音传世的金秋

纪伯伦一边逃避着死神的追赶，一边夜以继日地创作《人子耶稣》。他不知熬了多少个长夜直至黎明，整颗心都沉浸在耶稣及其母亲马利亚、背叛者犹大和一切与耶稣有关的人中。纪伯伦辗转在不属于他们的时代，在他所处时代的书籍里不停地找寻，只为了得到一个证据。同时，他也是在和疾病竞赛，他不能让病魔在他完成新作之前就夺走他的生命。

最终，幸运之神站在了纪伯伦这边。纪伯伦在1928年的夏天，完成了《人子耶稣》，交给了出版社。秋天，《人子耶稣》出版。纪伯伦终于可以长舒一口气，好像死里逃生一般。

努埃曼收到样书后，阅览了一番，然后在扉页上提笔写道："纪伯伦的耶稣"。就如努埃曼所说，《人子耶稣》里的耶稣的确是"纪伯伦的耶稣"，他不同于信仰者和不信仰者所崇拜的，更不同于学者与神学家所调侃的。

他的脸是美丽而高贵的，睡梦般柔和的苍白色笼罩着他的面孔，令人的怜悯之心油然而生，但并不会带来悲伤。他敏感的嘴唇上抹着坚强，他了解人的软弱，但不伤害他们。他高傲，不故作谦逊。他的鼻子细腻如敷粉，有着艺术的精细与和谐的几何造型。

至于他的双眸，则眺望着幽冥的远方。眼里有着不安宁的启示和恐惧，有着对胜利的自信，有着爱情也无法慰藉的孤独。他的双眉隐藏着一股吸引力，他的思想似乎要极力参悟最深奥的秘密，又好像他已接近那秘密的门槛，而那扇门仍在他面前紧闭着。

在他高耸而宽阔的额头上，印着清高与高傲。在那从头垂到双肩的柔软发丝中，有着一尘不染的纯净。表情丰富的脸上透露出坚强的意志，这意志想要战胜自身或者遮掩自身的弱点，将胜利收入囊中。

这就是纪伯伦的耶稣，他不同于《新约》中的耶稣。如果纪伯伦不去严格遵守《新约》的人物、事件和语言的格式，就能写出一部新的《新约》。纪伯伦不是历史学家，他不会将那些旧的东西搬过来重写，他是彻头彻尾的诗人和艺术家，他会用想象力去重新着色添彩。他怀着充满欣赏和友爱的心写他的耶稣，耶稣是他心目中人类的典范，是遥远的康庄大道。

《人子耶稣》和纪伯伦其他的书一样，充满着妙语连珠的想象。那些构成想象的新颖比喻就像一个艺术画廊，洋溢着一轮新月般的欢欣：

> 怀疑是痛苦，忘掉它，填埋它吧，因为它和信仰是孪生子。
> 在黎明时分，她（圣母马利亚）站在我们中间，她是站在旷野中一面迎风招展的旗帜。
> 柏里奥蒂斯不停地洗他的双手，直到今天，耶路撒冷端来了脸盆，罗马拿来了水壶。

那些斥责的语句，巧妙地展示了纪伯伦高明的手法和演说家的才华：

> 多少只猫头鹰也不懂得唱歌，只会如乌鸦般聒噪。我和你都不了解魔法师，他们只尊重他们之中最高明的玩妖术者。这些人在集市上把自己的脑袋装进篮子里，开出最高价向观众们兜售。我们了解那些躲避顶天立地的巨人的侏儒，我们也知道鼠李是怎样谈论冬青、槲树和杉树的。

纪伯伦在抨击了强加给耶稣的罪名的同时，也洗刷了自己——他不是学者，他的思想并不混乱。

纪伯伦的"双重灵魂"注定了他兼为伟大的作家与画家。在《人子耶稣》中，他用画笔所创造的效果，完全不亚于文字的力量。书中那些用很柔和的线条勾勒的耶稣与马利亚的头像栩栩如生，像是会讲话的灵魂。

《人子耶稣》在纽约受到了欢迎，更在全世界受到了欢迎。人们将这本书称作"纪伯伦福音"。纪伯伦感受到了世间的温厚，人们的可爱。

纪伯伦借可敬的"先知"之口布道，已向人们讲了无数次话。有一些人仍不满意他的存在，他被人调侃说在变戏法，在欺骗读者。也有一些人盲目地对他加以崇拜，把他供奉为神明。但事实证明，纪伯伦是大千世界中的一个出类拔萃者。他不仅以训诫建立了他的"王国"，而且从事着遵循圣者意愿的工作。

《人子耶稣》是一团炽烈的火焰，它在纪伯伦的心灵中燃烧着，他已将自己最真实，最真诚的话语全部大白于天下。

在《人子耶稣》出版后不久，疾病再次侵扰了纪伯伦。应该说，它从没远离过他。可任凭疾病摧残着身体，他仍旧坚持创作他的《先知园》，构思《大地之神》。没人能阻止他的行动，玛尔雅娜不断地劝说她的哥哥，为了让他休息甚至藏起他的笔。纪伯伦为了不让妹妹"打扰"自己的工作，固执地决定要回纽约。

因事务常常在外游走的努埃曼无时无刻不关心着纪伯伦的健康状况，他一回到纽约就急忙去信询问。纪伯伦很感谢上帝能够赐予他这个兄弟，他不知该用什么样的话语来表达对他的感激，再华丽的辞藻也难以表达出他的心意，所以，他决定不去表达了，他相信努埃曼一定不需要，也不喜欢他去说感激的话。他只要告诉他想知道的一切，就是最好的回报：

米哈伊勒：

　　向你的灵魂致意。关于我的健康，你问得那么详细。你真好！你的心真宽！我患了大家都知道的夏季痛风症，待到夏季过去，酷热消散，痛风症也便消失了。

　　我知道你已经返回纽约……你从你那隐身的宝库带回来了什么宝贝？我一周后返回纽约，必将去翻看你的口袋，以便弄到你带回来的宝贝。

　　《人子耶稣》耗去了我的两个夏天，是我在时病时愈中写的。不瞒你说，尽管这部书已经出版，如同飞出樊笼的鸟儿，但我的心仍在书里。

哈利勒

　　回到纽约后，他一头扎进《先知园》的创作中，一举将其完成。之后，他仍没有停止工作，又开始了《大地之神》和《流浪者》的创作。

　　此时的纪伯伦在阿拉伯世界已享有很高的声誉。1928年冬，一位叫阿尤布·沙比特的叙利亚协会人员，来信呼吁纪伯伦回到黎巴嫩，参与黎巴嫩政权变革。纪伯伦很思念故乡，他思念那里的山丘和峡谷，思念那里的一草一木，并且那思念之火永远不会熄灭。但他必须做出牺牲，必须在文艺与政治之间做出取舍。于是，他毫不犹豫地拒绝了，这是他必然的做法，因为他讨厌政治，不相信政治。所以，他只能忍痛抛弃了故乡，留在了美国，留在了自己的"禅房"里。

　　纪伯伦感到那个冬天很冷，他需要温暖。

第十章　诗篇结尾：诗人的最后时光　| 209

在生命崖边散步

如果一个人想要前进，那么必定要接受考验。如果他退却了，则必将垮台。纪伯伦在《先知》和《人子耶稣》出版之后，他的世界已经在退却，可他自己仍在前进。欣赏他的人在日渐增多，尤其是妇女们。他的生计财源在扩大，有人开始把他的《先知》翻译成各种语言，他还得到了银行家艾德加·萨巴伊尔的"固定户头"的钱款关照。玛尔雅娜也从华人区的房子搬了出去，住进了纪伯伦为她购置的新居。此后，他开始频繁地辗转于纽约和波士顿。

纪伯伦几乎每天都从邮差那或电话里，获悉人们对他的高度评价。在努埃曼来探望他时，他经常与努埃曼谈起自己的"光辉"。诸如，罗马尼亚前任女王的一位女友曾经赠给她一本《先知》；佛罗里达州一所大学系主任来信，请求允许他在校舍圆顶的大钟上面刻上《先知》中的一句格言——今天有昨天的回忆，明天有今天的梦。

纪伯伦在他青少年时代的许多梦想破灭后，终于战胜了贫穷。

名声以及它所带来的惊奇和尊敬，使他的心在一段时间里被迷醉。但这些名声不能使他的欲望熄灭，他仍旧怀着诗人的心、艺术家的心。于是，他又开始构思论莎士比亚、米开朗琪罗、斯宾诺莎和贝多芬的专著。

那段时间，纪伯伦的健康状况并不乐观。他拖着病，病拖着他。他觉得只要好好保养，即可不必担忧。可他低估了它，它伴随着他的年岁在增长，发作变得频繁，疾病的种类也变得形形色色，从心脏到关节，再到呼吸系统。他经受了各种各样的医疗方法，终于得到了一丝间歇的时间。他立刻重操旧业，不停地写和画，他的灵感与他同行共止，形影相随。

很快，他的心脏超过了负荷。波士顿的医生建议他做外科手术，这意味着他必须停止工作很长时间。但这次他没有固执，服从了医生的建议。可就在预约手术的当天，他刚刚跨上医院楼梯的第一个台阶时，他又改变了主意，转身回去了。他坚决而专横地开始了与命运的赌博，他要在疾病夺走他的生命之前，说出所有的话。

纪伯伦没有将这件事告诉任何人，他像往常一样给努埃曼写信，汇报自己的近况和创作进展：

米哈伊勒：

你问到我的健康，情感多么美好深厚！米哈伊勒，我的情况已变为"可以"，痛风症或神经痛已经消失……我们见面时，我将把情况告诉你，到那时，你便知道我为什么一直高喊："你们有你们的黎巴嫩，我有

第十章　诗篇结尾：诗人的最后时光 | 211

我的黎巴嫩！"

　　在水果之中，没有比酸柠檬更好的了。我每天都吃……余下的全托付给上帝。

　　在上一封信中，我对你说医生禁止我工作，但是，我却不能不工作，哪怕是静静思考，或争胜斗气……出一本关于莎士比亚、米开朗琪罗、斯宾诺莎和贝多芬四个人的故事书，你看如何？每个人的故事是否都是由人心中的痛苦、志向、孤独和希望酿成的？

　　……关于《先知园》一书，则已成既定之事。但我认为，现在还是远离出版商好些。

哈利勒

　　那段日子，纪伯伦不知多少次用笔来躲避痛苦。他的笔仿佛无数次在向他呼喊着："丢开我和工作，回到你的心那里去吧。"他的心也仿佛无数次地向他呼喊："难道你不肯发发慈悲，不再让我在这偏僻的修行之处忍饥挨饿、饱受痛苦吗？"纪伯伦听不见心和笔的呼喊，照旧握紧笔，虐待着自己的心。

　　1929年初夏的一天，纪伯伦收到了一个姑娘的来信，她在信中赞美他和他的《先知》。她的一片真诚，使纪伯伦的精神得到了慰藉。几天后，她拜访了纪伯伦。虽然她只读过《先知》，但却抑制不住激动的心情，用纯洁的充满热情的态度向纪伯伦描述《先知》对她精神上的影响。而后，她听了纪伯伦一番甜润的话语后，就像是获得了人类最完美的精神。这个不知姓名的姑娘先后来过几次，纪伯伦对她的印象很好。此时的纪伯伦心中的爱情已是一片荒原，他需要一个人来与他分享生活的甘苦。但自从病情加重以来，纪伯伦就开始害怕别人戏弄他的孤独，孤独成了他灵感的来源和想象力的摇篮。可在他接近过的所有女人中，除了玛丽，无人能使他的精神得到安宁。虽然玛丽已经结婚，但他们之间一如往昔，她仍旧是纪伯伦生活的天空中，那颗闪闪发亮的明星。

那个陌生的姑娘并没有给他带来慰藉，她只是个美丽的皮囊，纪伯伦只是忘记了《行列之歌》中的那句："爱情如果以把肉体带到床上为目的，那就是自杀。"他被她那美丽的外表吸引，他无法给她纯真的爱。于是，被"欺骗"了感情的姑娘离开了。这件事让纪伯伦好好清算了自己在感情上的罪孽，他不能原谅自己，曾对那位"崇拜者"姑娘说了他曾对玛丽说过的一句话："你来吧！我们一起走完人生道路。"

5月中旬，纪伯伦到波士顿妹妹那里，冷静了一下饱受精神与病痛折磨的心神。他像很多年前那样，将自己的行踪和近况告诉能够给他以慰藉的玛丽：

玛丽：
　　我现居波士顿，想在妹妹的家中得到安闲宁静。
　　我病了，只觉得周身不适，自感可能是神经疲惫所致。不过，我的精神尚好，因此不能让时间白白流逝。
　　……那本《人子耶稣》名播美国内外，人们都很喜欢。他们说那是绝美的诗。

我内心觉得，过些时日，他们会用比诗更高明的一种称谓来表达对它的喜欢。

　　我想创作一本关于莎士比亚的书，就是我们曾经商讨过的那本书，仍在酝酿之中。我有自信可在一个月内完成。但我现在很疲劳，不知从何下手，怎样开始，也不知道我能否动笔。

　　请接受我对你的特别问候。我妹妹也向你遥致问候，要我传达给你。

　　我过些时间将离开妹妹家回纽约，那里有许多事情等待我去做。

　　完成这些工作后，希望我们能一起去度假，以期修身养性。

哈利勒

在这封信中，纪伯伦仿佛忘记了时间的流逝，忘了玛丽已为人妻。纪伯伦不知自己已走在生命的崖边，他依旧洒脱，自由，我行我素。也许，他从未想到过面对死亡应该如何去做，该如何表现"末日感"。于是，他就一直顺其自然，在生命的崖边闲庭信步。

心中的蓝色火焰

1929年冬天，纪伯伦的病情恶化，他不得不留在波士顿妹妹家里休养。

纪伯伦屈服于生活的意志，但他不想屈服于死亡。他不断地同它斗争，他很自信，很乐观。他可以在信中洒脱地和努埃曼玩笑似的说："关于疾病，它在神经和骨骼的深处。我考虑再三，究竟是病了还是健康的？米哈伊勒，它是个问题。那究竟是健康，还是疾病……它是我生命中的一个季节，在你我的生活中都有的冬天和春天，你我却不知道哪一个更好。"

纪伯伦憎恨所有软弱的表现，他不愿对痛感发出软弱的呻吟声。他夜以继日地独自一人与病痛作战，他很少叫他的朋友去他那里照看，除非疼痛加剧，到了实在吃不消的程度。他坚强而固执地相信精神力量能给予他克服病痛的耐力。

纪伯伦为了战胜疾病，选择了以退为进，他开始减少自己的工作，停止了为阿拉伯地区的一些杂志写稿。对于此事，纪伯伦在写给玛丽的信上说:"我在东方的义务完结了,我完成了自己接受的委托。今后,我不会再去接受这种任务,除非我对自己的明天不放心……我想提供帮助,因为我曾得到帮助……但是……"

做出减少工作的决定,是自虐狂一样的纪伯伦很不情愿的。在波士顿期间,他不断地收到梅娅的来信,她一直热切地关注着他的病情。

12月,纪伯伦在梅娅的信中得知了她父亲去世的消息。失去亲人的心情纪伯伦是最了解的,许多年前的那段黑暗的岁月,一直让他沉痛不已。于是,他以一个亲人的口吻给予梅娅安慰:

梅娅:

我今日得知你父亲已去了金色地平线之外的地方,已经踏上了人们都要走的大路。我该对你说什么呢?梅娅,你的思维与听觉要比人们说的那些安慰话深刻、高远。但是,我心存希冀,但愿我紧握你的手,像陌生的亲人,默不作声地感受着你那美好灵魂所感受到的一切。

梅娅,上帝为你祝福,上帝每天都保佑着你。上帝为你的朋友护佑着你。

哈利勒

虽然纪伯伦已经断了梅娅的希望,但梅娅并没有放下对纪伯伦的感情,她依然在幻想着奇迹的发生。而梅娅也是那时纪伯伦唯一还没有放下的女人,虽然他断了她的希望,但那并不是出自本意。他只是不知道自己能否战胜"死神",不知自己此生能否去埃及。

所以，他不敢轻易给出承诺。

1930年初，加剧的病情让纪伯伦感到自己时日不多，大限将至。但他依然镇定自若，以至于努埃曼在电话里询问他的健康状况时，他很自然地回答："你来瞧瞧。"

几天后，努埃曼去"禅房"探望。他来到门前，敲了敲门后，听到里面一个衰弱的声音说道："门没锁。"努埃曼进门后看到，纪伯伦正躺在床上，脸上和动作都表现出衰弱的特征。努埃曼刚想去安慰他时，他却反过来安慰努埃曼。他告诉努埃曼自己染疾不深，只是得了重感冒。努埃曼狠狠地责备了他，责备他愚蠢地将自己关在"禅房"里，努埃曼要求自己或"笔会"的其他同事们前来照看，或者玛尔雅娜来同他做个伴儿。可纪伯伦都拒绝了，他说管理门房的老妇人十分忠实地侍候着他。至于玛尔雅娜，则必须让她留在波士顿，他不想让她过来和自己一起难受。努埃曼知道，纪伯伦是绝不会让步于强制要求的人，既然他拒绝，那也只好作罢。纪伯伦从床上起来，让努埃曼帮他将《大地之神》的手稿拿给他。他开始为努埃曼朗读诗歌。读着诗歌的纪伯伦，脸上光彩闪亮，好似太阳落山前在一抹云霞中挣扎。

纪伯伦读完了诗歌，便穿衣起来，向努埃曼展示他为《大地之神》所作的12张画。那些画着实让努埃曼感到吃惊，那里面充满了敏锐与和谐，以及数不清的颜色，艺术水平完全高于先前的作品。当诗人纪伯伦在《先知》之后暂时消声匿迹之时，美术家纪伯伦却添加了勇气和力量。

纪伯伦沉默了片刻，说出了一句让努埃曼心中一颤的话：

第十章 诗篇结尾：诗人的最后时光

"米哈伊勒，我想向你说说我的遗嘱。"

纪伯伦这句话，让努埃曼不敢相信自己的耳朵，仿佛将他置回昨夜的梦里。

努埃曼没有让纪伯伦读他的遗嘱，他哽咽地说："纪伯伦，我不喜欢听见你那样说，无论今天还是明天，如果你今后有事情委托于我——那将会是在很久很久以后，我会比办自己的事情还认真热心。不过那不会是你的遗嘱。你与我每时每刻都会在一起，就像现在我们在一起一样。"

那段时间，梅娅与纪伯伦的信件来往一直持续着，而纪伯伦在信中的语气越来越像一个即将寿终正寝的人：

梅娅：

……现世大门洞开，天主对我说："请讲吧！沉默的时间过去了。前进吧！你在彷徨的阴影下站的时间太久了。"究竟现世大门何时开启，你知道吗？你可晓得雾霭何时消散，现世大门何时打开吗？

……看啊，我们已经登上顶峰，我们面前出现平原、森林和山谷。让我们坐一会儿吧，梅娅！要知道我们不能久留此地，因为我看见远处还有一座山峰，日落之前，我们应该到达那里。看啊，我们已经走过羊肠小道；我们在些许惊慌失措中跨过那段山路。我向你承认，我是个执拗、顽固的人。我向你承认，我有时并不是个聪慧、高明的人。但是，在生活中没有智慧手指触摸不到的地方吗？在生活中，没有一种东西能使智慧无能为力吗？梅娅，等待是时光的骏马，我们常常处于等待状态中。我经常等待着我所不知道的东西，在我看来，有时候我把生命消耗在等待尚未发生的事情发生上。我多么像那些坐在湖边上的人，静静地等待天使降临将湖水搅动！现在天使已经将湖水搅动，谁又能将我抛入水中呢？我正走在那个神奇、庄严的地方，我的眼睛明亮，步伐坚定。

哈利勒

纪伯伦是位诗人，他喜欢将自己的心声包裹在辞藻中抛给别人，他已经在信中告诉梅娅，他正在"把生命消耗在等待尚未发生的事情发生上"，他已经做好了迎接死亡的准备。他不惧怕死亡，而是"眼睛明亮，步伐坚定"地等待着"天使降临"。

1931年3月14日，纪伯伦的《大地之神》出版，它被人们认为是纪伯伦最美的诗作。可此时，《旅行者》杂志正同纪伯伦一起病入膏肓。"笔会"的成员们没有告诉纪伯伦，《旅行者》杂志已经入不敷出。毫不知情的纪伯伦，依然守着笔和画纸，做着自己喜欢的的事情。在《大地之神》出版后，他还在把自己当成一个健康人一样给玛丽写信：

玛丽：

我现在纽约，几周内不会离开这里。两天前，《大地之神》出版了，我给你寄去一册，但愿你喜欢书中的插图。

风从东方吹来，燃烧着肉体，气味熏人。神依靠牺牲而生活，神在灰烬上建造宝座。心神啊，心神！我如何使你享受荣光？

我正在写另一本书，出版商决定在10月发行。我现在正埋头写作，同时为之画插图。

哈利勒

谁都不会想到，就是这样一封信——没有离别之语，没有爱的告白，没有任何忏悔，却成了他与玛丽的绝笔。玛丽怎么也不会想到，这样一封语气极其自然的信，竟会出自一个已在死亡边缘的人的笔下。他还在信中提到即将完成的《流浪者》，还在对它的出版满怀期待……

10天后，他又写给梅娅一封充满忏悔话语的长信：

梅娅：

我认为，如果世界上一定要有领导权的话，那么，这个领导权应归于女子，而不应给予男人。

我从孩童时代至今，欠下了女性许多债。是女性开启了我的眼目之窗和灵魂之门。如果没有我的母亲，没有同胞妹妹，没有女友，我仍会与那些以如雷般的鼾声搅扰世界幽静的人睡在一起。

……现在我的健康状况较去年夏初更差。我在大海与森林之间度过的几个月，拓宽了我的灵魂与肉体之间的领域。这只一分钟内抖动几百次的异乡之鸟已经缓慢下来，开始回到正常的规律中，但它不会慢下来，除非我的支柱轰然坍塌，我的关节全部断裂……我不需要医生和药物，我不需要休息和安静……梅娅，我是一座封了口的火山。如果我今天能写出一部大作，或一部好东西，我定会痊愈。如果我能高声呐喊一阵，我定会康复如初……请你不要提及我过去的工作，因为提起那些会使我感到痛苦，因为那些微不足道的事会使我的血化为燃烧的火，因为火的干燥会使我更加口渴……我生来是为了写一本书，写一本不折不扣的小书。我生来忍受着痛苦，为的是说一句鲜活的、生着翅膀的话。但是，我忍耐不住，没有保持沉默，生命终于借我的唇舌说出了那句话。我不仅那样只说了一句话，而且多嘴多舌，唠叨不停。啊，多么遗憾，多么害羞……我夸夸其谈，直至耗尽我的体力。当我能够说出第一个字时，我发现自己仰躺着，嘴里衔着一块顽石……没什么，我的话仍在我的心中，那是活的、生着翅膀的话，一定要说出来，一定能够消除由于多嘴多舌造成的罪过，一定会生出火焰。

哈利勒

纪伯伦将一幅画与这封信一同寄给了梅娅，那画面是一只摊开向上的手掌，托着一团燃烧升腾的火焰。纪伯伦用一团"蓝色的火焰"表达了他那纯洁、炽烈而永不熄灭的爱。他的生命之火即将熄灭，但他们感情的火焰将永远熊熊燃烧。

再见，这个世界

　　1931年4月9日，一个晴朗的早晨，纽约的一切都照常进行着。纪伯伦公寓的门房高汉斯太太像往常一样，上楼给纪伯伦送早餐。当她开门看见纪伯伦时，不禁一惊！他面色憔悴苍白，行动十分缓慢。高汉斯太太急忙下楼联系了曾经住在纪伯伦隔壁，与他关系要好的吉科本茨夫妇。吉科本茨夫人急忙请来了医生，医生为纪伯伦做了检查后，叫他们马上送他去医院，可纪伯伦仍固执地拒绝。吉科本茨夫人无奈之下联系了芭芭拉·扬，请她来劝说。

　　那天午后，得到消息的芭芭拉·扬赶到了住所。他们聊了很久，纪伯伦说了自己完成的和未完成的工作，说他的两只手应该做更好的事情。但无论芭芭拉·扬如何劝说，纪伯伦还是坚决拒绝去医院。

　　晚上8点钟，吉科本茨夫人与医生离开。芭芭拉·扬第二次劝说他去医院。但纪伯伦依旧拒绝，坚持在画室过夜。无奈之下，芭芭拉·扬只能继续和他聊天。纪伯伦的话语滔滔不绝，他谈到了黎巴嫩，谈到他逝去的母亲，话语中充满了对母亲的崇敬之意，还谈到在波士顿的妹妹玛尔雅娜……可丝毫没有提及自己的情况，更是竭力地避免谈论病情。他的思想做了最后一次"长途漫游"，然后，他疲倦了，也可能已经神志不清。总之，他最终答应芭芭拉·扬第二天去医院。

4月10日上午，纪伯伦被送到了纽约圣芳心医院。芭芭拉·扬知道纪伯伦的母亲是天主教徒。于是，她找来了纽约天主教马龙派教堂的神父和修女，为他做忏悔仪式。可当一位修女问勉强清醒的纪伯伦是否是天主教徒时，他却用深沉而嘶哑的声音回答道："不是！"当神父赶到时，纪伯伦已完全不省人事。那位神父站在这个已经不省人事的人的床前大喊他的名字，纪伯伦没有回应，就算他清醒着也不会回应。

晚上5点钟，芭芭拉·扬终于联系到了努埃曼，她让努埃曼在话筒中听到了一声晴天霹雳：纪伯伦在圣芳心医院不省人事，医生估计他活不过半夜。他身边没有一个朋友和知心者……

"米哈伊勒，我是个健康的人。"努埃曼耳边反复回荡着这句话，它即将成为纪伯伦对他说过的最后一句话。然后，他不断地催促司机："开快些！再开快些！"

努埃曼赶到病房时，看见门口一位医生正被三位妇女围着，其中一位是芭芭拉·扬。她将纪伯伦的情况告诉了他，而后，努埃曼又在医生那里确认了纪伯伦的"死刑"。

不久，玛尔雅娜接到医院的电报，她迅速联系了两位堂兄，三人乘火车赶到了纽约。纪伯伦可怜的妹妹对一切全然不知，事情太突然，令她难以置信，她当天才知道哥哥已经走到死亡的边缘。

弥留之际的呼吸声，是生命的倒计时，它像沙漏一样不断渗入纪伯伦胸口的深处。病床上微弱的呼吸声断续而悠远。医生不停地把他的脉搏，等待着它最后一次跳动。

床上正躺着一个行将逝去的诗人，他的心灵从起始直到最末，一直像一个天使一样在空中飞舞。它的每一次跳动，每个欲望，每个思想，每一份工作都令人们振聋发聩，让人们看到，听到纪伯伦如何从生活中来，又如何从生活中去。

夜里10点50分，这位伟大的"先知"，特立独行的"疯人"停止了呼吸，告别了这个世界。最后，守在他床前的是努埃曼和芭芭拉·扬。

4月12日，玛丽收到了玛尔雅娜的电报："哈利勒命终，沿着自己的路走了。星期一，我们将他的遗体移往波士顿。"

她以为这是个玩笑，但它却是事实，半个月前还平淡自然地写信的人，如今竟已与她永别。那时，玛丽已身为弗洛伦斯夫人多年，虽然她的丈夫相信她与纪伯伦之间的关系是纯洁无瑕的，可他没有鼓励她去参加纪伯伦的葬礼。但玛丽丝毫没有犹豫地给玛尔雅娜回电报告知，她将于13日到达波士顿。

翻滚着巨浪的大海终于平静下来，喧哗声渐渐隐去，不倦的思想停下了脚步，那个疯狂的人终于平静下来。

纪伯伦的遗体在太平间里静静地躺了两天，他高贵而庄严地静卧在那里，四周铺满了晚香玉和百合。

4月13日凌晨，纪伯伦的遗体移往波士顿，他生前所创建的"笔会"的成员们陪灵前往。

当晚8点，玛丽到达波士顿，见到了玛尔雅娜。纪伯伦的朋友们到齐后，与玛丽、玛尔雅娜一同吃了一顿便餐，他们以纪伯伦的名义分食了面包，喝了咖啡。

按照原计划，葬礼会于第二天在神杉圣母教堂举行，由浩浩荡荡的送葬队伍送往丘山顶埋葬。但玛尔雅娜不想把哥哥永久葬于异国他乡，而要葬在黎巴嫩的乡土之中。于是，众人一致商定，暂时葬于该地，再迁往黎巴嫩。

几天后，玛丽与玛尔雅娜前往纽约纪伯伦的"禅房"，她们在那里忙了数个小时，整理纪伯伦的遗物，如书稿、画稿等。她们看着这些东西，双眼模糊。死神的箭射穿了深爱逝者之人慈软的心，她们用眼泪哀悼逝者，用眼泪体现逝者身上的人道主义。

玛丽、玛尔雅娜和芭芭拉·扬对纪伯伦的遗产进行了初步估计，共约5万美金。随后，相关人在努埃曼于纪伯伦生前帮其委托的威廉·萨克斯律师处开启了纪伯伦的遗嘱，纪伯伦将他所有的财产遗赠妹妹玛尔雅娜、玛丽·哈斯凯尔和故乡卜舍里。但他特别强调了一点：

"画室中的一切，包括画、书和艺术品，全部赠予玛丽·哈斯凯尔。"

纪伯伦信守了生前的承诺，他在文学和美术上的一切成就，很大程度上归功于玛丽，他的全部创作是属于她的。于是，纪伯伦耗尽自己的生命，只为了回报他的恩人、他的爱人。

得到了珍贵遗产的玛丽联系了艺术博物馆，请有关专家挑选纪伯伦的画作永久收藏。最终，博物馆选中了5幅：《曼斯菲尔德》《奥尔布莱特·莱德尔》《想着无限》《生于时光》《生活旋涡》。

7月23日，200位黎巴嫩人在蒙蒙细雨中，护送纪伯伦的遗体上了船，他终于踏上了归乡之路。一个月后，船在贝鲁特港靠岸，黎巴嫩的高级代表们前来迎接这位返回祖国的英灵。

纪伯伦的灵柩被送往卜舍里的路上，每经过一座小村庄，都会有长长的队伍迎送。

晚霞染红天际之时，纪伯伦与他的"护卫"们抵达了卜舍里。"护卫"们陪伴着这位英灵走在他的凯旋之路上，凯旋的是一个黎巴嫩人，他的名字叫纪伯伦·哈利勒·纪伯伦。在那反复演奏的凯旋乐章中，纪伯伦安歇在了圣徒谢尔基斯修道院内。他的墓碑上刻着这样一段意味深长的文字："我像你一样活着，我现在正站在你身旁；你合起眼，就能看到我正在你面前。"没人知道这句话是在对谁说，也许是玛丽，也许是梅娅，也许是所有爱他的人……

纪伯伦回来了，他在大洋彼岸漂泊了30多年后，终于回到了魂牵梦萦的故里，回到了黎巴嫩可爱的土地上。看，那树木丛林，野花野草在随风摇曳，仿佛在替诗人诉说着："回来了，故乡！再见了，世界！"

后记　她们，在诗人长眠之后……

诗人之死是迟来的熟悉，是早到的告别。它像一轮红日，让钟爱他的人看见更光明的世界。

纪伯伦走后，玛丽曾一个人在他的画室里度过了一天，陪伴她的只有回忆。玛丽在那里找到了她写给纪伯伦的信，一共有290封。20多年时光，它们被完好地保存着。玛丽本想将它们带走销毁，但她下不去那个狠心。她在给芭芭拉·扬的信中这样说道：

> 我的心不服从我的意，我相信纪伯伦，深信他的伟大。我写给他的信及我与他的关系已是历史的一笔财产……它是历史的一部分。

就这样，玛丽满怀深爱地将信收集起来，带回了萨凡纳，将它们与纪伯伦给她的信合在一起，收藏于自己的住处。几年后，她将其交给了北卡罗来纳大学。

回到萨凡纳后,玛丽的个人生活并没有发生任何变化,她与丈夫过着平静、温馨、充满欢乐的生活。她的丈夫弗洛伦斯先生希望她能一切安好,他期盼将所有美好的东西都送给她,用丰厚的物质令她满足。但是,他失败了。玛丽不改自己的习惯,坚持着她的故旧,信守着自己的爱好,固守着自己的精神。也许,在玛丽的坚持、信守、固守之中有着一种难以言说的秘密,甚至连她自己都没去想过。

在纪伯伦去世5年后,玛丽的丈夫与世长辞。此时,玛丽63岁。丈夫为她留下了一幢宽敞的房子,那里应有尽有。但她只在那里生活了几年,便将旧居的贵重物品转手给朋友,自己搬进了一个简陋的小房子里。也许,她是要体会某个人曾经的生活吧。她就一直住在那里,直至1964年去世,享年91岁。

一直钟爱纪伯伦的梅娅没有在第一时间得知他去世的消息,她仍给纪伯伦写信,却发现他许久未回。她等很长一段时间后,终于收到了回信,但却是一封报丧信。

纪伯伦的逝世,给梅娅的身心也造成巨大打击。一直掩饰着这段恋情的梅娅,终于撰文公开了她和纪伯伦长期通信的经历。在此后的十年中,她的精神与健康先后崩溃,过着与世隔绝的生活,一度被送到贝鲁特的精神病院治疗。后来又在开罗度过了生命中最后两年时光。

1941年,梅娅十分凄凉地离开了人间,然而,她在辗转流落中，仍一直将纪伯伦的来信随身携带。在她的遗物中，有一本评述阿拉伯作家的英文论著，梅娅在书中纪伯伦的画像旁写着："多年前，这已注定了我的不幸！"

　　追忆一代文豪的过程是幸福的，也是这个夏天我最美好的回忆。本书在写作过程中，得到了多位朋友和老师的大力支持与帮助，不能于封面一一署名，在此表示深深的谢意，他们是陈雪、杜馨、贺艳琨、胡蝶、姜日锋、李寒冰、张泽、王琳、王欣然、王瑶、李双龙、刘万彬、吴京京、王伟荣。感谢各位不辞辛劳查阅资料、协助创作并给予指导。最后，愿文字里能散发出光焰，照亮你我。

附录　纪伯伦年表

1883年 出生

·1月6日夜半生于黎巴嫩北部山村卜舍里。父亲哈利勒和母亲卡米拉在马龙教派教堂为他洗礼，取祖父名字，故其全名是纪伯伦·哈利勒·纪伯伦。

1885年 2岁

·妹妹玛尔雅娜出生。

·"一生记忆最早的一件事"是2岁半时因追球玩而落水，后得救。

1887年 4岁

·小妹妹苏日丹娜出生。

1888年 5岁

·入马龙教派的一所小学。曾以拳头回击一位骂他"爱哭坏"的大孩子。

·5岁时独自去荒野，手捏一小束樱草花到墓地寻找耶稣之墓，献花膜拜心目中的"先知"。

1891年 8岁

·父亲被嫉妒者告密入狱，家被查抄。母亲携纪伯伦和两个妹妹以及同母异父的哥哥彼德·布特罗斯一家五口，被迫搬到一所偏僻的小屋，即现在纪伯伦在黎巴嫩的故居。

1894年 11岁

·父出狱。家一贫如洗。

1895年 12岁

·与母亲、哥哥、两个妹妹一同赴美，移居波士顿。

·9月1日入波士顿公立侨民小学。

·读《汤姆叔叔的小屋》，对母亲说："我将来写小说，要写成像我现在阅读的小说一样。"

1896年 13岁

·女教师杰希·菲齐明特·帕尔发现纪伯伦"兼有诗人和艺术家的才华"，为其引见名人。

· 12月与波士顿文艺界知名人士福特·戴伊相见。此人钦慕东方精神，也很赏识纪伯伦。

1897年 14岁
· 被称为"小画家"。给美丽的女诗人约瑟芬·布鲁斯顿画像。早熟，爱恋这位妇人。

1898年 15岁
· 3月参加戴伊先生举办的画展，结识许多文化名人。
· 为波士顿公共图书馆绘封面，生活圈子与他的其他家庭成员不同。
· 9月，在全家支持下回祖国学习民族语言文化。冬，入贝鲁特"希克玛"（睿智学校）。此学校由著名马龙教派主教约瑟夫·狄毕斯在贝鲁特创建。
· 阿拉伯文教师胡里·优素福·哈达德发现纪伯伦的天赋，为他介绍穆泰奈比等古诗人，并介绍《诗歌集成》和《圣经》给他看，同时为他修改作文并在其创办的校刊《复兴》上发表。
· 求学期间，曾在黎巴嫩各地旅行，深入民间，访寻名胜古迹。

1899年 16岁
· 夏，回故乡卜舍里看望父亲，住在婶母家。
· 完成一些古代阿拉伯诗人头部的画像：如阿尔法利德、阿布·努瓦斯、穆泰奈比以及阿拉伯女诗人罕莎等。

1900年 17岁

·获法语学习第一名。其间未中断学画，常去艺术家哈比卜·苏鲁日家求教。

·戴伊先生寄50美元支票给他作为封面画报酬，并肯定了纪伯伦作为一名波士顿画家的地位。

·在记事本里记下了对多方面社会问题的看法，如对贫穷处境和社会环境的厌恶等。

1901年 18岁

·4月小妹妹苏日丹娜死于肺病，年仅14岁。4月上旬返美途中得知妹妹噩耗，十分悲痛，曾呼喊出："妹妹死了，我心中的上帝也死了！"

·回美后仍住波士顿。

1902年 19岁

·3月，同母异父哥哥布特罗斯死于肺病（一说死于1903年），年仅25岁。

·6月，母亲死于癌症（一说死于1903年6月）。母亲之死，使纪伯伦受到很大刺激，他认为"人类唇上最美好的呼唤就是'我的母亲'"后来他在《折断的翅膀》中写道："谁失去了母亲谁就失去了让他依偎的怀抱。向他祝福的手和眷顾他的眼睛。"

·自此，直到1908年6月。一直与另一个妹妹玛尔雅娜在波士顿相依为命，靠作画、写作为生。

1903年 20岁
·开始写构成散文诗集《泪与笑》的文字。第一批文学小品在阿拉伯文《侨民报》上发表。1903年至1908年间在《侨民报》陆续发表50多篇散文诗，后辑录为《泪与笑》。

1904年 21岁
·5月，在波士顿画廊举行首次个人画展。其中《灵魂皈依上帝》与《痛苦的喷泉》等画吸引了女子小学校长玛丽·哈斯凯尔。两人自此结为挚友。此画展不久在玛丽学校开办，玛丽买下了《痛苦的喷泉》与《思想之舞》。
·10月，带40幅画再次参加在波士顿举行的画展，不久画廊一场大火，大部分作品被焚毁。

1905年 22岁
·发表艺术性散文《音乐短章》，把世界理解为一种韵律。

1906年 23岁
·爱情骚动时期结束，感情转向玛丽。出版短篇小说集《草原新娘》，艾敏·欧莱伊为其作序。

1907年 24岁

・发表短篇小说集《叛逆的灵魂》(一说出版于1908年)。该书被土耳其政府宣布是"危险的、叛逆的、毒害青年的"书,并在土耳其统治下贝鲁特中心广场当众焚烧此书,而且给纪伯伦定下"叛逆分子"罪名。

・10月给玛丽写信倾诉心声。

1908年 25岁

・写出《我的生日》一文。此文表达了他25岁时对于生活、知识、真理、自由和爱情的思考。

1909年 26岁

・和朋友艾敏・雷哈尼去伦敦游览博物馆。

・给玛丽的信中说:"我失去了父亲。"其父享年65岁。

1910年 27岁

・参加巴黎春季传统画展,展画《秋》获银奖。

・10月末从巴黎回到波士顿。年底移居纽约。

1911年 28岁

・开始写《暴风集》。

・几经努力于4月末住进纽约格林威治村西10街51号一座艺术家公寓。

・4月玛丽在日记中记载因年龄关系不能与纪伯伦成婚,自此纪伯伦为爱情描绘的目标即独身。

·5月参加土耳其大使召开的宴会,为"可怜的叙利亚"哀叹。

1912年 29岁

·1月6日在写给玛丽的信中说:"星期二在更多的意义上是一个生日而不是'今天'。"这是纪伯伦生日的权威证明。

·年初完成《三个女人》等画作。

·发表中篇小说《折断的翅膀》,以一个心灵遭到沉痛打击的阿拉伯薄命女子的命运,作为"受凌辱的东方民族的象征"。此小说自当年末开始,在阿拉伯世界造成很大影响,引起许多批评和疑问。外界压力更增加了他的反抗性。

1913年 30岁

·2月信告玛丽挑选了十幅画赠送她,这些画包括《让我们一同奋起》《种子》《眺望者》《堆放的蔷薇》《沙漠的心脏》等。

·《艺术》杂志主编纳西布·阿里德汇集了《泪与笑》全集出版。前言中引纪伯伦信中的话,说他生命中诉怨、哀叹的一个时期已经结束。

1914年 31岁

·此前已开始与生活和工作在埃及的黎巴嫩女作家梅娅·齐雅黛通信。两人的通信联系一直持续到纪伯伦逝世前不久。

·2月,在蒙特鲁斯大厅举行个人画展,展出75幅作品。此举奠定了纪伯伦作为艺术家的地位。

· 受尼采超人哲学影响，开始写《疯人》，并与玛丽一起把《疯人》译成英文。其间，《新月》《闪电》《西方明镜》等杂志均刊登了他的作品。

· 第一次世界大战期间，他为祖国解放而斗争的积极性更为高涨。

1915年 32岁

· 卖六幅画获6400美元。玛丽帮他投资实业，第一次成为股东。

· 任叙利亚难民救济委员会会长，通过演讲、著文等方式，对处在饥荒中的祖国人民表示同情。通过美国帮助，实现运送救济粮的计划。

1916年 33岁

· 秋，在家中与阿拉伯侨民作家米哈伊勒·努埃曼第一次见面，从此两人成为文学之友。

1917年 34岁

· 在波士顿举行画展，卖出三张。

· 达尔文的进化论逐渐渗入他的思想。

1918年 35岁

· 年初《七艺》连载其重要艺术评论、格言、访问记。

· 5月发表诗作《生活》《权利》《爱情》《知识》《幸福》和

《死亡》，发表绘画《公正》《自由》《正义》等。

· 10月中旬。其第一部英文散文诗集《疯人》发表于纽约，从此进入以英文写作为主的阶段。

1919年 36岁

· 长诗《行列之歌》的单行本由一位犹太出版商经手，在纽约出版。

· 几年内他的书征订数直线上升。读者从四面八方来信，甚至有人发表评论，将他与泰戈尔相比。

· 捐款并购买阿拉伯文书籍，赠图书馆收藏。给伊米勒·泽丹的信中称，过去自己作为作家和画家度过的20年，只是一个"准备时期"，自己的思想只结出一些不成熟的果实。"

1920年 37岁

· 4月20日晚，一批阿拉伯侨民文学家在纽约的阿拉伯文杂志《旅行者》编辑部开会，热烈讨论阿拉伯新文艺中的一些新问题。

· 4月28日晚，在纪伯伦家里继续开会，正式成立"笔会"，颇负盛名的纪伯伦当选为"笔会"主席，米哈伊勒·努埃曼为顾问。纪伯伦亲自绘制会徽。"笔会"作为阿拉伯侨民作家团体，在发展阿拉伯海外文学、团结侨民文学家方面起了促进作用。

1921年 38岁

· 春天因心脏疾患病倒。

·《笔会诗文选》在纽约出版，收集了纪伯伦、努埃曼等人的散文、诗歌若干篇。阿拉伯各国报刊纷纷转载，发表评价极高的评论，"笔会"很快蜚声阿拉伯世界。
·散文诗集《暴风集》出版。

1922年 39岁
·画名人头像，包括罗丹、泰戈尔、曼斯菲尔德，瑞典作家斯特林堡等。

1923年 40岁
·在纽约发表英文散文诗集《先知》。许多俱乐部、家庭都公开朗诵之。
·4月《旅行家》杂志报道希沃尔小姐转述了法国驻美大使、《疯人》翻译者贝业尔·杜兰克斯在将《疯人》译成法文时的一句话："感谢上帝，我们在他(纪伯伦)活着时认识了他。"
·5月，尤素福·托玛·布斯塔尼在埃及为纪伯伦出版《珍趣篇》。6月重印《珍趣篇》。

1924年 41岁
·陆续为各界名流画像，其绘画作品相继在各地展出。

1925年 42岁
·《先知》的法译本、德译本出版。

·与女诗人芭芭拉·扬结识，病后常去波士顿妹妹家或去大自然景区。寄给玛丽《沙与沫》。

1926年 43岁
·《沙与沫》正式出版。
·开始写《人子耶稣》，18个月后完成。
·参与印度人苏尤德·侯赛因主持的《新东方学会》杂志的撰稿工作。由此结识许多世界名人。纪伯伦认为甘地是当时活在世上的"最伟大的人物"。
·玛丽·哈斯凯尔与弗洛伦斯先生结婚，迁往佐治亚州，但与纪伯伦一直保持友谊。

1927年 44岁
·埋首创作《人子耶稣》。

1928年 45岁
·《人子耶稣》完稿。同年秋，在波士顿出版，被称为"纪伯伦福音"。完成《先知园》，开始写《流浪者》《大地之神》。
·阿尤布·沙比特呼吁纪伯伦参加黎巴嫩政权变革，可他仍留在美国，称自己在纽约艺术家公寓中的画室为"禅房"。

1929年 46岁
·健康状况恶化，纪伯伦感到"生命不多，大限将至"。全部时间花在绘画、著述、校订等方面。

·开始构思论莎士比亚、米开朗琪罗、斯宾诺莎和贝多芬的专著。

1930年 47岁

·3月留遗嘱：除了把钱留给妹妹，画室内的书籍与画作等赠予玛丽之外，还要把一部分钱和画赠给家乡卜舍里。

1931年 48岁

·年初，《大地之神》出版，被认为是纪伯伦最美的诗作。

·4月10日夜10时50分，逝世于纽约格林威治村圣芳心医院。享年48岁。

·8月21日，灵柩运回祖国黎巴嫩。贝鲁特举行空前迎灵仪式。8月22日送葬行列把遗体送回故乡，葬于卜舍里圣谷的修道院内。